如何做一名
优秀领导者

陈红星 著

华南理工大学出版社
·广州·

图书在版编目（CIP）数据

如何做一名优秀领导者/陈红星著. —广州：华南理工大学出版社，2020.9

ISBN 978-7-5623-6411-5

Ⅰ.①如… Ⅱ.①陈… Ⅲ.①领导学 Ⅳ.①C933

中国版本图书馆 CIP 数据核字（2020）第 107178 号

Ruhe Zuo Yi Ming Youxiu Lingdaozhe
如何做一名优秀领导者

陈红星　著

出 版 人：**卢家明**
出版发行：**华南理工大学出版社**
　　　　　（广州五山华南理工大学 17 号楼，邮编 510640）
　　　　　　http://www.scutpress.com.cn　E-mail: scutc13@scut.edu.cn
　　　　　营销部电话：020-87113487　87111048（传真）
出版策划：庄　严　李秋云
责任编辑：李秋云
责任校对：梁樱雯
印 刷 者：佛山家联印刷有限公司
开　　本：787 mm×1092 mm　1/16　印张：9　字数：108 千
版　　次：2020 年 9 月第 1 版　2020 年 9 月第 1 次印刷
定　　价：46.00 元

版权所有　盗版必究　　印装差错　负责调换

序 言
XUYAN

红星同志现为深圳市人大常委会机关的一名副局级干部,他说工作之余写了一本书想请我作序,我一看书名就颇感兴趣,便欣然应允。

翻看红星同志的履历,发现他是一位阅历比较丰富的干部、文人:既有市、区两级党政和人大机关的工作经历,又有镇(街道)一级基层工作的磨炼,还在企事业单位工作过;既当过副职领导,又当过正职领导,且主编过地方党报、教育和文学杂志,可谓能文能武、多才多艺。

他写的《如何做一名优秀领导者》一书,与其他领导学、管理学方面的论著不一样。他没有大讲理论、大肆铺陈、长篇大论,而是紧密结合工作实际,重在实践,重在切实可行,从现实领导工作的视角,直叙怎样才能做一名优秀的领导者,该做什么,不该做什么,怎么做才更好、更富艺术性,条分缕析,朴实无华,入情入理。本书篇幅不长,但信息量不少,其论点鲜明,论据充分,论证严密,旁征博引,谈古论今,画龙点睛,富有说服力。本书从"领导"概念讲起,接着阐述对一名优秀领导者的共性要求,继而重点讲述对一名出色的一把手和称职的副职的个性化要求,详略得当,逻辑性、关联性很强，环环相扣，一气呵成，很能吸引读者往下读。

　　本书作为一名实践者、实干者所写的作品，很接地气、很务实，理论与实际有机结合，干货多，管用的方法多，有的放矢，针对性强，对现今各级领导干部的工作具有指导意义，值得为政者学习借鉴。

　　红星同志边干边著书立说，善于思考问题和解决问题，其对于工作和学习的钻研精神皆可圈可点，值得肯定和鼓励。衷心祝愿红星同志再接再厉再出发，今后有更多的佳作与读者见面。

　　是为序。

（广东省社会科学院原党组成员、副院长，二级研究员）

目录
MULU

开篇语 / 1

第一章 领导简述 / 3

一、领导概述 / 5

（一）领导的定义 / 5

（二）领导与管理的关系 / 6

二、领导模型与思维方式的演变 / 9

三、优秀领导者的共性要求 / 10

（一）讲政治 / 10

（二）守清廉 / 11

（三）有思路 / 12

（四）善作为 / 14

（五）敢担当 / 15

第二章 如何做一名出色的一把手 / 17

一、一把手的主要类型 / 19

（一）劳劳碌碌型 / 19

（二）甩手掌柜型 / 19

　　（三）胸怀格局缺失型 / 19

　　（四）举重若轻型 / 20

二、怎样当好一把手 / 21

　　（一）善于抓班子带队伍 / 21

　　（二）善于出工作思路和方法 / 51

　　（三）善于抓工作重点和难点 / 58

　　（四）善于做好"外交"工作 / 62

　　（五）善于立德立功立言 / 66

第三章　如何做一名称职的副职 / 71

一、副职的主要类型 / 73

　　（一）依赖他人型 / 73

　　（二）好大喜功型 / 73

　　（三）无德无才型 / 73

　　（四）到位而不越位型 / 74

二、怎样当好副职 / 75

　　（一）增强助手意识 / 75

　　（二）增强服务意识 / 84

　　（三）增强管理能力 / 94

　　（四）增强业务能力 / 111

　　（五）增强适应能力 / 120

结束语 / 135

开篇语
KAIPIANYU

"如何做一名优秀领导者"这个题目很大,笔者想把它"大题小做",紧密结合工作实际,谈些观点和体会。笔者位卑,人微言轻,能力水平也有限,写此书无指导他人之意,仅仅是对各类各色领导者之言行风格做些观察记录而已,旨在留下一些文字记忆,亦是抛砖引玉,求教于同行和专家学者。

领导学、管理学,是古今中外许多领导者和专家学者都注重研究学习的重要学科,不少鸿篇巨制问世,可谓林林总总。多年来,笔者拜读了一些这方面的论著,深受启发,受益匪浅,并比较注重运用理论成果指引自己的工作实践。

古往今来的事实表明,做一名优秀的领导者,需要具备综合素养,需要精通领导艺术;要靠长期培养磨炼,要靠积累沉淀,无法"速成"。但凡缺乏刻苦修炼者、性格有缺陷者、能力有缺失者、人格魅力不足者、领导方法不正确者,都是无法成为一名优秀的领导者的。本书中领导者、管理者的"正""反"角色,在现实中都可以找到原型,通过对比可以得到一些启迪、经验与教训。

本书首先对"领导"的概念进行解读,接着概述对各级"领导者"的共性要求,在此基础上分别对如何当好一把手和副职的个性化要求展开叙述，有详有略，方便读者理解和接受。

本书是"速读本"，短小精悍，没多讲空泛的理论，所述皆是实操，重在"管用"，行之有效。不当之处，还望诸君海涵和不吝赐教。

此为开篇语。

第一章
领导简述

◎ 领导即率领并引导大家朝着一定方向前进的人
◎ 领导者应做正确的事,而管理者应正确地做事
◎ 任何一个地区或单位既离不开领导也离不开管理
◎ 领导模型和思维方式经历了不断演变的过程
◎ 优秀的领导者须:讲政治、守清廉、有思路、善作为、敢担当

子曰:"为政以德,譬如北辰,居其所而众星共之。"

——《论语·为政第二》

一、领导概述

（一）领导的定义

从远古时代开始，领导就一直是在生产和生活中普遍存在的现象，但直到20世纪，关于"领导"的学术研究才真正系统地开展。

学者们对"领导"这个术语的定义超过百种。美国管理学家哈罗德·孔茨认为："领导是一门促使其下属充满信心，满怀热情来完成他们任务的艺术。"美国哲学博士理查德·L.达夫特认为："领导是存在于领导者与其追随者之间的一种有影响力的关系，在这种关系中，双方都在寻求真正的改变并期待改变的结果能够反映他们共同的目标。"我国学者认为，领导是在一定条件下，指引和影响个人或组织实现某种目标的行动过程，其本质是人与人之间的一种互动过程；也有学者认为，领导是指运用权力指挥、带领、引导和影响下属为实现组织和群体目标而积极行动和努力工作的过程。《现代汉语词典》解释："领导"就是率领并引导大家朝着一定方向前进的人。

学者们把研究领导活动所形成的基本原理、基本规律和方法称为领导学。领导学是一门研究领导活动各个要素之间的相互联系、相互作用的客观规律及其有效运用的综合性科学，是一门融领导的科学性、艺术性、实践性为一体的新兴学科，是对丰富的领导思想和领导实践的集成化、系统化、理论化。它的研究内容包含探讨领导的产生和发展、领导观念、领导原理和原则、领导模式和过程、领导规律、领导方法和艺术、领导者素质和修养等。

学习和研究领导学是提升领导者整体素质的必然要求，是提升治理能力现代化水平的客观需要。因此，各级领导者要自觉主动学好领导学，并用它指导具体的领导实践活动。

（二）领导与管理的关系

前文讲了领导的定义，在这里再讲讲管理的定义。管理是指在特定的环境条件下，以人为中心，通过计划、组织、指挥、协调、控制和创新等手段，对组织所拥有的人力、物力、财力、信息等资源进行有效的管控，以期高效地达到组织既定目标的过程。科学管理之父弗雷德里克·泰罗认为："管理就是确切地知道你要别人做什么，并使他用最好的方法去做。"美国著名管理学教授斯蒂芬·罗宾斯说："所谓管理，是指同别人一起，或通过别人使活动完成得更有效的过程。"

学者们把研究管理活动所形成的基本原理和方法称为管理学。作为一种知识体系，管理学是管理思想、管理原理、管理技能、管理方法的总和。随着管理实践的日益发展，管理学不断充实其内容，成为指导人们开展各种活动、有效达到管理目的的指南。

为了让大家更好地理解领导和管理的本质特征，笔者在此简要地阐述领导和管理的关系。它们之间既有明显的差别，又是密切相关的。在现实工作中，许多人往往把领导（领导者）和管理（管理者）等同起来，片面地认为领导就是管理，管理就是领导。实际上，这两者存在很大的差异，万不可混为一谈。它们主要有如下四个区别：

其一，领导者应做正确的事，而管理者应正确地做事。即领导者主要是负责方向性的工作，起带领和引导作用，是决策者；而管理者主要是负责经常性的非决策性的工作，是执行者。

其二，领导者在确定方向后，其重点工作是整合任务相关者、激励和鼓舞下属，培养追随者的能力，关注人的尊严、价值和潜能，注重从人的内在心理方面去感化人，并把握所要达到的目标是否正确与有价值，从而达到规划愿景、产生变革的目的，主要注重效果；而管理者的重点工作则是计划与预算，组织人员力量，并侧重从人的行为上进行规范，强化职责，执行制度，从而达到建立秩序、控制并解决问题的目的，主要注重效率。

其三，从一定意义上来说，领导者工作的艺术性大于科学性，管理者工作的科学性大于艺术性。领导者追求做人的艺术，管理者追求做事的艺术；领导者追求的是生动，管理者追求的是精确。领导者通常处理非常规问题，具有不确定性；管理者通常处理常规问题，具有确定性。

其四，领导者主要凭借影响力去发挥作用，重视个人魅力的作用，注重人文关怀，因此领导者与下属之间在本质上是一种追随关系；而管理者主要凭借正式职务发挥作用，侧重于技术、方法和过程，借助各种手段来达到既定的目标，因此管理者与同事之间在本质上是一种职能关系。

领导与管理虽然是泾渭分明的，但它们又是紧密相连、相依相存的，任何一个地区或单位既离不开领导也离不开管理，它们各自发挥着不同的、不可替代的作用。如果只有领导而无管理，那么领导的意图和目的就难以实现；相反，如果只有管理而无领导，那么管理的愿望和目的也难以达成。因此，在实际工作中，既要重领导又要重管理，不论是领导不力而管理过分，还是领导过分而管理不力，都不利于整体工作。为了有效地实施领导，必须加强管理，只有把有效的领导与强有力的管理有机地结合起来，使之相辅相成，才能保证一个地区或单位既定目标的顺利实现，取得满意的效果，实现可持续的发展。

二、领导模型与思维方式的演变

领导模型和思维方式经历了不断演变的过程。早期的领导模型为伟人型，领导者带有某种与生俱来的特定的英雄气质、力量和影响力，掌管一切事物，被称为"伟人"，被视为"英雄"。中期为理性型，领导者能够冷静分析问题和情形，制定谨慎周密的计划，从而控制发生的一切，乐于在稳定的环境中工作。后演变为团队型，领导者尝试用团队合作的方式，实行授权，倡导多样性和公开沟通的理念，裁减人员，激发下属的动力，从而提高工作效率和质量。新时期演变为学习型，领导者善于学习探索，能够放弃传统定义上的控制权，注重与下属建立关系，通过愿景及价值观而非权力和控制力去影响他人，鼓励他人发展和成长，适应数字信息时代的要求。

在领导模型不断演变的同时，领导的思维方式也经历了一个不断升华的过程。即从追求稳定演化到追求变化及危机管理，从控权向授权理念转变，从竞争向合作意识转变，从一致性转向追求多样化，从以自我为中心向更高远的道德目标升华，从英雄主义到谦逊平和的修炼提升，领导者的思维不断成熟，不断适应新时代的需求。

历史和实践告诉我们，领导模型与思维方式的演变，反映了社会变化的趋势，反映了组织所处的不同时代背景和不同要求，不同时期的领导者定位正是顺应了历史的变迁。

在明确了领导的概念及内涵后，我们需思考一个问题：成为领导者意味着什么？即，领导者的角色定位和职责是什么？笔者以为，简而言之，成为领导者即意味着要明确定位，角色到位，顺应时代，率领下属，共创未来。

三、优秀领导者的共性要求

不论是各级党政、人大、政协机关领导干部，还是人民团体、企事业单位负责人，不论是正职还是副职，作为一名优秀的领导者，都有其共性的要求。笔者把它归纳为15个字，即讲政治、守清廉、有思路、善作为、敢担当。

（一）讲政治

讲政治，是一名优秀领导者必备的品德。习近平总书记指出，讲政治是我们党培养自我革命勇气、增强自我净化能力、提高政治免疫力的根本途径，是我们党不断发展壮大、从胜利走向胜利的重要保证；旗帜鲜明地讲政治是我们党作为马克思主义政党的根本要求，马克思主义政党具有崇高的政治理想、高尚的政治追求、纯洁的政治品质、严明的政治纪律。如果马克思主义政党政治上的先进性丧失了，党的先进性和纯洁性就无从谈起；如果领导者不讲政治，就永远不可能成为一名优秀的领导者。

具体来说，各级领导干部要做到"六个必须"：第一，必须高度重视加强政治理论学习，坚持以习近平新时代中国特色社会主义思想武装大脑，补足精神之钙，把握思想之舵，确保政治上的清醒与坚定，切实提高政治站位。第二，必须牢固树立"四个意识"和坚持"四个自信"，即树立政治意识、大局意识、核心意识、看齐意识以及坚持道路自信、理论自信、制度自信、文化自信。第三，必须做到"两个坚决维护"，即坚决维护习近平总书记的核心地位，坚决维护党中央权威和集中统一领导，并严守政治纪律和政治规矩，严格执行重大事项请示报告制度，健全党内政治生活，净化党内政治生态。第四，必须不断增强党性，严格按党章和党规办事，全面落实从严治党的神圣职责。第五，必须把维护党内外的团结作为一条政治纪律要求，作为一种政治境界、思想境界来追求，坚决反对分散主义、本位主义、山头主义。第六，必须忠诚于党和人民的事业，坚决贯彻执行党在社会主义初级阶段的基本路线，即坚持以经济建设为中心，坚持四项基本原则，坚持改革开放，从而不断提高政治能力，不折不扣贯彻落实党中央和上级的决策部署，久久为功。

（二）守清廉

守清廉，是一名优秀领导者必备的修养。毛泽东同志曾指出："可能有这样一些共产党人，他们不曾被拿枪的敌人征服过，他们在这些敌人面前不愧英雄的称号；但经不起人们用糖衣裹着的炮弹的攻击，他们在糖弹面前要打败仗。"这番话是多么的高瞻远瞩、一针见血。"公生明，廉生威"，这是一则明清官吏引以自戒的官箴。唐朝名臣房玄龄说："人皆因禄富，我独以官贫，所遗子孙在于清白耳。"《菜根谭》的作者、明朝思想家洪应明说："宁谢纷华而甘淡泊，遗个清名在乾坤。"近代民族英雄林则徐说："壁立千仞，无欲则刚。"这些历史人物都很值得今天的领导者学习和敬仰。

具体来说，各级领导干部要做到"四个坚持"：第一，坚持牢固树立正确的世界观、人生观、价值观和权力观，保持高尚精神追求，敬畏人民、敬畏组织、敬畏法纪，做到公正用权、依法用权、为民用权、廉洁用权，永葆共产党人拒腐蚀、永不沾的政治本色。第二，坚持以上率下，带头反对形式主义、官僚主义、享乐主义、奢靡主义，带头反对特权思想和特权现象，从而带动廉洁纪律、群众纪律、工作纪律、生活纪律严起来，做到自重、自省、自警、自励，慎独慎微，慎始慎终，巩固拓展落实中央八项规定精神及实施细则的成果。第三，坚持正确处理好公与私、义与利、是与非的关系，做到砥砺节操，公私分明，先公后私，克己奉公，光明正大，坦荡做人，以浩然正气、昂扬锐气涵养自我革命的勇气，全心全意为人民服务，诚心诚意为党和人民事业奋斗。第四，坚持开展批评与自我批评，自觉运用监督执纪"四种形态"，防微杜渐，守住底线，自觉养成在受监督和约束的环境中工作与生活的习惯，牢记"廉洁品德是人生艺术，是幸福生活的优美乐章"。

（三）有思路

有思路，是一名优秀领导者必备的素质。唯有思路清，才能方向明，有思路方有出路。领导者"本领恐慌"，在一定意义上说，首先是缺乏哲学思辨能力。恩格斯说："蔑视辩证法是不能不受惩罚的。"有思路的核心要求是全面系统地掌握马克思主义的思想方法，这是每一位优秀领导者必须具有的能力和本领。学习和运用马

> 吏不畏吾严畏吾廉，民不服吾能服吾公。公则民不敢慢，廉则吏不敢欺。

克思主义的思想方法，就是要把握习近平总书记给全党提出的战略思维、辩证思维、系统思维、创新思维和底线思维等，运用哲学原理把握改革大势，全面深化改革。

具体来说，各级领导干部要做到"三个注重"：第一，注重学习研究和运用辩证唯物主义、历史唯物主义的世界观和方法论，去分析重大问题，从客观实际出发制定政策，推动工作。"不谋万世者，不足谋一时。不谋全局者，不足谋一域。"因此，领导者要学会从长远和全局角度去思考问题，谋划工作，推进改革，当前和局部行为必须服从于长远和全局的利益，积极面对和化解前进中遇到的矛盾和问题。第二，注重融会贯通党中央和国务院全局性的战略思路，以指导引领自己的具体工作。比如统筹推进经济建设、政治建设、文化建设、社会建设、生态文明建设的"五位一体"总体布局，协调推进全面建成小康社会、全面深化改革、全面依法治国、全面从严治党的"四个全面"战略布局，创新、协调、绿色、开放、共享的"五大发展理念",等等,都要学深学透,深刻领会其精神实质。第三,注重研究自己工作领域的具体工作思路,以推动所负责的工作不断取得新成绩。党建工作如何实现从严管党治党、党对一切工作的领导的目标,产业经济如何实现可持续性的高质量发展,文化工作如何实现推动传统文化与现实文化相融相通从而大力弘扬中国精神、传播中国价值、凝聚中国力量的目标,生态文明工作如何实现生产方式和生活方式绿色、低碳水平提升以及绿水青山也是金山银山的目标,脱贫攻坚战如何实现真正消除贫困、改善民生、实现全面建成小康的目标,等等,都要有全面而缜密的工作思路。

(四) 善作为

善作为,是一名优秀领导者必备的能力。南宋诗人陆游说:"纸上得来终觉浅,绝知此事要躬行。"领导者要自觉把学识和思路转化为行动的能力、执行力和改革发展力,鼎力推动工作和改革。学识和思路如果不用,有如纸上谈兵,胸中虽有千军万马、有锦囊妙计无数,而未付诸实践,未经过现实的检验,那么一切将失去意义。因此,要坚持实践第一的观点,勇于实践,善于实践;坚持调查研究,坚持问题导向,不断增强工作的科学性、预见性、主动性和创造性;敢于变革,永不僵化,永不停滞,从而不断深化改革、推动发展、化解矛盾、维持稳定。

具体来说,各级领导干部要做到"三个善于":第一,善于创新工作方法。注意把握创新规律,发扬锐意改革精神,谋定而后动,或抓大放小、以大兼小,或以小带大、小中见大,或以点带面、全面推进,统筹兼顾,用"弹钢琴"的方式做好各项工作。要走出

"新办法不会用、老办法不管用、硬办法不敢用、软办法不顶用"的困境。第二，善于发现问题、解决问题。坚持深入基层、深入实际，认真研究梳理工作和改革中出现的问题，尊重客观规律，以有效的措施解决新的问题，不断增强把握复杂局面、处理复杂问题的能力，提高破解难题的本领，促使工作和改革精准对接发展所需、基层所盼、民心所向。第三，善于抓落实、见成效。一分部署九分落实，要以钉钉子的精神抓工作和改革任务的落实，以滚石上山、踏石留印、抓铁有痕的劲头克服困难险阻，做到言必信、行必果，反对坐而论道、空谈阔论，强调真抓实干，较实劲、办实事、出实果，不图虚名，不贪虚功，一步一个脚印，稳扎稳打向前走，积跬步至千里，积小胜为大胜，切实干出成效来。要避免蜻蜓点水、东一锤西一棒，这样很可能一颗钉子都钉不上、钉不牢，表面看事事都干了，但其实事事皆无结果。

（五）敢担当

敢担当，是一名优秀领导者必备的责任。古人云："大事难事看担当。""一人做事一人当"是普通老百姓的担当，"国家兴亡、匹夫有责"是仁人志士的担当，把"为实现党的政治纲领和奋斗目标"的神圣职责扛在肩上是各级领导者的担当。习近平总书记说，人民把权力交给我们，我们就必须以身许党许国、报党报国，该做的事就要做，该得罪的人就得得罪。林则徐说，"苟利国家生死以，岂因祸福避趋之"，这是民族英雄敢于担当的底色。

具体来说，各级领导干部要做到"三个始终"：第一，始终保持不忘初心、心中有责。不忘初心，就是不忘党的理想信念、政治立场、根本宗旨、奋斗目标和价值追求，就是要为实现共产主义远大理想和中国特色社会主义共同理想而奋斗终生。只要有了这个强烈的政治责任感和历史使命感，就会心中有责、敢于担当。能否担当，是检验领导者家国情怀的试金石。第二，始终保持稳健定力、铁一般担当的气概。在其位谋其政、担其责，有职必有责，有责必担当，守土有责，守土尽责，有多大担当才能干多大事业。领导者有了铁一般的担当，站得就高，眼界就宽，心胸就开阔，内心就强大，就能做到胜不骄、败不馁，遭遇困难和逆境时不消沉不动摇，就能经受各种风险和困难考验，就能抵御各种腐朽思想的侵蚀，面对歪风邪气敢于坚决斗争。第三，始终保持无坚不摧、敢于亮剑的勇气。在实际工作中要以身作则，坚持原则，敢抓敢管，面对大是大非敢于亮剑，面对失误敢于承担责任，该负责的必须负责，该担当的必须担当，以干事为荣，以避事为耻。在问题和矛盾面前不畏缩，勇挑最重的担子、敢啃最硬的骨头，挺身而出，迎难而上，不推诿，不扯皮，以担当彰显共产党人的人格力量，切实做到为官一任造福一方。要坚决摒弃遇到困难绕着走、遇到群众诉求躲着行，工作拈轻怕重、岗位挑肥拣瘦，面对名利又争又抢、出了问题上推下卸的"保身哲学"，要有"一日无为、三日难安"的境界。

第二章
如何做一名出色的一把手

◎ 善于抓班子带队伍
◎ 善于出工作思路和方法
◎ 善于抓工作重点和难点
◎ 善于做好"外交"工作
◎ 善于立德、立功、立言

子曰:"其身正,不令而行;其身不正,虽令不从。"

——《论语·子路第十三》

一、一把手的主要类型

在现实中,一把手的类型较多,而比较典型和有代表性的有如下四种。

(一) 劳劳碌碌型

劳劳碌碌型的一把手天天都很忙碌,但毫无头绪,毫无章法,混乱不堪,顾此失彼,按下葫芦浮起瓢;打效率低下的疲劳战,事无巨细必躬亲,大包大揽,不放心,不放手,把自己弄得筋疲力尽、焦头烂额的同时,也带垮了整个干部队伍,其结果是事倍功半,工作成效不理想。这是不成功的一把手。

(二) 甩手掌柜型

甩手掌柜型的一把手对工作和事业不负责任,无所用心,不太管事,放任自流,既不愿意思考问题,也懒于抓工作落实,更谈不上开拓创新,对进与退、荣与辱都不以为意,缺乏使命感和紧迫感;所带的干部队伍松散拖沓,缺少志气和朝气,缺乏执行力和战斗力,工作搞不上去,处处落后挨打。这是没有建树的一把手。

(三) 胸怀格局缺失型

胸怀格局缺失型的一把手胸怀窄,格局小,德不高,见不多,识不广,站不高,看不远,私心重,杂念多;对人对事小肚鸡肠,不信任任何人,顺其者昌逆其者亡,排斥异己,没有几个真朋友;所带的干部队伍没有向心力、凝聚力、战斗力,单位气氛紧张,人人自危，无心工作，致使工作被动，事业不兴，民怨沸腾。这是最糟糕的一把手。

（四）举重若轻型

举重若轻型的一把手富有事业心和远大抱负，高瞻远瞩，运筹帷幄，四两拨千斤，收放自如，有条不紊，章法严密，有板有眼，决胜千里，威望高，影响力大；所带的干部队伍团结协作，气顺心齐，朝气蓬勃，开拓进取，工作效率高，完成质量好，事半功倍，成绩斐然，事业兴旺。这是出色和境界最高的一把手。

以上四种类型的一把手中，很显然，我们所要追求的是第四种。

二、怎样当好一把手

基于对本书第一章中对领导的基本认识，笔者认为一把手要侧重于当好领导者，努力成为通才，而非成为专才的管理者。主要领导的主要职责是把方向、做决策、出思路、用干部；并掌握"平衡术"，因为平衡才能平稳，平稳才能成功，因此必须懂得平衡上下左右各方关系，整合各方面力量，化消极因素为积极因素，形成"大合唱"格局。当好一把手，从理论上来说，要求很多，但最重要的是要做到以下"五个善于"。

（一）善于抓班子带队伍

不论是党政机关还是企事业单位，现在面临最大的领导和管理问题是：一把手不善于抓班子带队伍。抓班子带队伍的核心要求是能够发现人才、培养人才、整合人才、凝聚人力、使用人才、依靠人才。一流领导激发下属做事，二流领导与下属一起做事，三流领导自己一个人做事。抓班子带队伍是领导之道，重在"抓"和"带"，没有"抓"和"带"就不会产生团结协作高效的团队，就不能形成忠诚而有担当的团队，就不会出现战无不胜的团体。作为主要领导，目的不是自己强，而是促使组织强；不是只靠自己，而是团结大多数，依靠大多数，使用大多数；自己掌舵，团队划桨。有的主要领导忙得不可开交，而单位成绩却平平，其主要症结之一就是不善于抓班子带队伍。那么，具体怎样才能抓好班子带好队伍呢？笔者认为须着重把握好如下五个方面。

1. 要明确干部培养和锻炼的方向及目标

一把手要高度重视干部培养和锻炼的问题，这是重中之重的工作，一刻都不能放松，更不能忽视。

比如，向领导班子成员和中层干部提出"讲政治、守清廉、有思路、善作为、敢担当"的15字总目标和总要求。又比如，向各级干部提出要做让党放心、让群众安心、对工作尽心的"三心"干部，争做政治坚定的明白人、干事创业的带头人、服务群众的贴心人、遵纪守法的清白人、文明新风的倡导人，做能说、能写、能干的"三能"干部。能说，不是要求大家学会吹牛，夸夸其谈，而是要求把话说准、说精、说美、说新。比如说精，很多人就做不到短小精悍，往往喜欢长篇大论，切记要把话讲短，讲有用的话，少讲或者不讲正确的废话，须知讲短话最能体现一个人的说话水平。能写，不是要求大家成为大文章家、大作家，而是要能熟练地写作机关中的8种常用公文，即写好工作计划、工作总结、工作方案、调研报告、经验性文章、领导讲话稿、消息、通讯。能干，也不是要求大家要干出惊天动地的伟业，而是要求具备若干基本工作能力，比如执行能力、管理能力、业务能力、沟通协调能力、调查研究能力、危机处理能力、适应能力、培训下属能力等。

俗话说："美玉非天成，妙手巧雕琢。"一个单位里的每位工作人员都可视为一块璞玉，就看领导者会不会雕琢，领导的手越巧心越精，成员的才华就会展露得越精彩，只有每位成员强大了，整个团队才能强大，并实现"1+1＞2"的目标。卓越的团队是事业发展的基石，而卓越的领导者是带领团队走向卓越的灵魂。作为一把手，你的重要任务是把庸才培养成人才，把一般的人才培养成将才，让团队帮你解决80%的问题，而你要做的就是把团队成员由"羊群"打造成"狮群"，不断提升团队的凝聚力、战斗力、执行力、创新力。美国微软公司联合创始人比尔·盖茨曾说，"一个人永远不要靠自己一个人花100%的力量，而要靠100个人花每个人1%的力量"。这位商业奇才的意思是，单位的成果是通过团队获得的，而不是通过自己废寝忘食、埋头苦干获得的。团队就像一支球队，目的是赢球。主要领导则是总教练，不能亲自上场，但要负责训练，并对竞赛结果负责。在现实中，没有完美的个人，但可以打造完美的团队。为此，一把手要做到以下"三个重视"：

（1）要重视打造学习型团队。美国著名企业家杰克·韦尔奇说："最核心的竞争优势是一个组织的学习能力。"学习力是一个人或一个组织学习的动力、毅力和能力的综合体现，是把知识资源转化为知识资本的能力。不论是对个人还是对组织而言，学习力都非常重要，学习力就是竞争力，是一个团队能始终保持生机活力、长盛不衰的根本保证。在一定程度上说，组织学习力比个人学习力更为重要，因为它具有整体搭配的学习能力，并能直接转化为创新成果。在这个充满竞争的时代，谁能最快最好地学到新知识、新技能，获得新信息，谁就会发现新机遇，开创新局面。因此，要把学习作为一种时代责任、一种精神追求、一种工作状态、一种生活方式，切实掌握真学识；要做到学习工作化、工作学习化，即在学中做、在做中学，两手抓、两不误、两促进，在学习与工作的良性互动中不断增强综合能力；要处理好个人与组织的学习关系，个人之于组织应该保持个人知识技能与集体智慧的互动，组织之于个人应该引导个人的学习力汇聚到集体的学习流之中，从而形成学习型团队。

（2）要重视培养大家的团队精神。团队是一群人，但一群人并不等于团队，只有把他们的知识、技能、才干和努力都奉献给一个组织的共同愿景和目标的时候，才能成为团队。何为团队精神？大雁是最具团队精神的灵性动物。每只大雁扇动翅膀飞行时都会为雁群创造一股上升的气流,其他大雁就会紧追这股气流不断飞行;当一只大雁掉队的时候,它就会立刻感受到单独飞行的阻力和困难,因此它会很快赶上雁群,再次获得集体飞行的优势;大雁一边飞行一边鸣叫,目的是鼓励雁群要始终保持速度;当一只大雁生病、受伤的时候,就会有两只大雁离开队伍,去保护和帮助它。这就是团队精神,这种精神一旦经过你的培养而形成了,就意味着你有领导水平

了,你的领导工作将能获得成功。主要领导应善打"整体战",能出"组合拳",会奏"交响乐"。

(3)**要重视激发和塑造大家的集体荣誉感**。心理学告诉我们,每个人都有自己的自尊张力,都有自己的荣誉感。没有哪个人愿意加入一个没有名气、没有名声的集体,更没有人愿意加入一个让人鄙夷的集体。因此,主要领导要学会通过一些标志性事件、特定形式和主题活动等,培养大家的集体荣誉感和光荣感,激发集体成员为创造集体荣誉而奋力工作,让领先成为一种工作常态,让卓越成为一种行为习惯,让奉献成为一种价值追求,从而不断创造出辉煌的业绩,这是一种良性的循环。否则,就会出现恶性循环:若一个集体没有荣誉地位,特别是常挨上级领导的批评,集体成员就会觉得脸上无光,缺乏尊严和归属感,导致工作没有动力和激情,就越干不出好成绩,就越创造不了集体荣誉。久而久之,

人心和队伍就涣散了。集体荣誉感这个问题，很值得一把手高度关注。

实践证明，只有明确了方向和目标，一个地区或单位的干部培训教育工作才能有的放矢，并朝着既定目标不断前进。所谓培训，是培养在前，训练在后，只培不训如纸上谈兵，只训不培如无本之木。因此，既要培又要训，才能打造出一支"想干事、敢干事、能干事、干成事、不出事"的过硬队伍。能干事不是本事，不出事也不是本事，而能干事、干成事、不出事才是真本事。这是一把手抓班子带队伍的基础性工作。

2. 要切实增强选贤任能的本领

选人用人，要遵照党中央关于《党政领导干部选拔任用工作条例》的总体政策规定和要求执行，不可违背。毛泽东同志指出："政治路线确定之后，干部就是决定的因素。"北宋政治家司马光说："为治之要，莫先于用人。"人是生产力中最活跃的因素，是创新驱动发展最关键的因素，是干事创业的第一要素，是你手中最核心的资源，一把手务必将其挖掘好、掌握好、使用好，要有识才的慧眼、用才的气魄、爱才的感情和聚才的方法。

（1）要学会慧眼识英雄。很多单位其实不乏人才，而是缺乏领导者发现人才的慧眼。只有知人才能善任，知人不唯学历和职称论，因为能力、阅历远比学历、职称重要。北宋思想家王安石说"人才难得亦难知"，蜀汉丞相诸葛亮说"夫知人之性，莫难察焉"，唐朝文学家韩愈说"千里马常有，而伯乐不常有"，可见识人之难。人才虽然难于识别，但仍有一定规律可循。被后人尊称为"一代官圣"的清朝大儒曾国藩善知人、善预卜，得益于他对人的细致观察，对人的性格、人品、特征的透彻了解。此外，宗泽慧眼识岳飞，萧何

月下追韩信,周文王发现姜子牙,毛泽东重用刘伯承、邓小平、罗荣恒等杰出人才,都是古今领袖人物慧眼识人的光辉典范。

识别人才,首先是要明确选人的标准。这个标准就是德才兼备、以德为先。坚持德才兼备、以德为先,是我们党选人用人的根本标准,目的是要把政治上靠得住、工作上有本事、作风上过得硬、人民群众信得过的干部选拔到各级领导岗位上来。德,就是指干部的人品、官品、忠诚、干净、担当;才,就是指干部干事创业、为民服务的本领。古今无数事实都反复证明,选用了有德无才的人是中害,选用了有才无德的人是大害,选用了无德无才的人是公害。因此,有德有才之人要大胆使用,有德无才之人可以培养使用,有才无德之人要限制使用,无才无德之人要坚决不用。

识别人才,其次是要掌握四个基本方法。①系统地识别。要了解人才的共性,人才具有特长性、进取性、开拓性、独立性、求知性、自信性等共同特点。人才的类型主要有复合型人才、艺术型人才、思维型人才、发现型人才、创造型人才等。只有了解了人才的特点和类型，才能准确系统地识别人才。②全面地识别。人才有其突出者，必然有其欠缺者，识别人才不能一俊遮百丑，也不能只看其不足而不看其长处，而要全面观察，综合衡量，应对人才的德、才、学、体、长、短做立体式的观察。③历史地识别。不能只看一个人的一时一事，而要看一个人的全部经历和全部工作。现实中，对一个人的识别，往往要么强调晚节，忽略历史；要么注重历史，忽略现在，这都是不全面、有失偏颇的。④发展地识别。古语说"士别三日当刮目相看"，说明人是在不断变化的，其思想觉悟、性格作风、学习水平、专业能力等都是在不断发展的。如果用静止的、孤立的观点看待人，会把活人看成"死人"，只有用发展的眼光看待人，才能不被一个人一时一地的情况所迷惑。

司马光说："为人上者至公至明，则群下之能否焯然形于目中，无所复逃矣。"他认为识别人才的根本在于领导者能否公正廉明，若"至公至明"，那么下属有无才能便可一目了然。《吕氏春秋》中云："不制于物，无肯为使，清净以公。"意即不为外物制约，不为外部役使，内心不乱，追求公正。曾国藩说："其冗冗者，虽至亲密友，不宜久留，恐贤者不愿共事一方也。"习近平总书记指出："用一贤人则群贤毕至，见贤思齐就蔚然成风。"可见选贤的重大效应，选什么人是一种用人导向和风向标，必须严肃认真把握好。务必避免选用信念不坚者、无德无能者、庸碌无为者、不清正廉洁者进入各级领导岗位，这些人会严重危害党和人民的事业。

晋国中军尉祁黄羊为国举荐人才，不计较私人仇怨，不以私害公的为人胸怀很值得称道。有一次，晋国国君晋平公要祁黄羊推荐南阳县令的人选,他推荐了自己的仇人解狐,这让晋平公十分不解,便问:"解狐不是你的仇人吗?"祁黄羊回答说:"您问谁合适,不是问我的仇人是谁。"晋平公称赞说:"好!"于是就任用了解狐。都城的老百姓都称颂国君选用了有德有才之人。

(2)要懂得科学合理使用人才。不善用人者是庸人。《汉书》中云:"盖有非常之功,必待非常之人。"意即要建立不寻常的功业,必须依靠不寻常的人才。清朝思想家魏源说:"不知人之短,不知人之长,不知人长中之短,不知人短中之长,则不可以用人,不可以教人。"为此,魏源提出了正确的用人育人之法:"用人者,取人之长,避人之短;教人者,成人之长,去人之短也。"唐朝政治家陆贽也说过:"人之才行,自昔罕全。苟有所长,必有所短。若录长补短,则天下无不用之人;责短舍长,则天下无不弃之士。"清朝诗人顾嗣协则形象地说:"骏马能历险,犁田不如牛。坚车能载重,渡河不如舟。舍才以就短,资高难为谋。生材贵适用,勿复多苛求。"诗中生动地指出了"寸有所长,尺有所短"的道理;提示人们只有辨清人才的强项与弱项、优势与劣势,才能做到知人善任;提醒人们人才贵在适用,不必过于苛求,只要具备相应的才能就可以任用。古之贤人的一系列用人思想充满了辩证法和哲理,蕴含着用人的大智慧,值得今天的用人者深思和借鉴。

①一把手用人一定要坚持"五湖四海"的原则。毛泽东同志赋予"五湖四海"特殊的含义,并把它作为一条重要的组织原则确定下来。毛泽东同志认为,成就大事业必须善于吸纳和团结各方面的人才。坚持"五湖四海"的用人原则,就是要善于吸纳、团结和使用不同地域、不同单位、不同出身的人才,就是要反对山头主义、宗派主义、圈子文化。要拓宽用人渠道,避免在"少数人中选人"、

在"小圈子"里打转转。在一个地区或单位里，同乡、同学、战友、老同事等这几类干部中的任何一类都不能过于集中，否则就有违"五湖四海"的原则，就容易误事出问题。《三国演义》中刘备的核心班子成员都是来自四面八方的，之所以"三分天下有其一"，与他"五湖四海"的用人策略是密不可分的。而像倚重淮系将领的李鸿章，"会讲五台话就把洋刀挎"的阎锡山，宠幸同乡和黄埔系将领的蒋介石，因不采用"五湖四海"的用人策略，最终都遭到了历史的唾弃。"海纳百川，有容乃大"（林则徐），主要领导用人要有海一样宽广的胸怀，要公平公正无私，要从党和人民的事业需要出发选用好干部。

②一把手用人一定要坚持人岗匹配、扬长避短的原则。用人要注重"适位"，即坚持以位选才，因才定位，人适其岗，取长补短。联想集团创始人柳传志说得很形象："是猴子就给它树爬，是老虎就给座山守。"坚持让能者上、庸者让、劣者汰，如果不淘汰庸者、劣者，就是对能者最大的伤害。坚持让专业的人、合适的人去做专业的事、合适的事，人尽其才，才尽其用，用对人才能做对事。陈景润假如不是被华罗庚发现，并把他调到数学研究所工作，他就难以摘取数学皇冠上的明珠。用人要注重"适时"，即"用人用在精壮时"，对看准的人要及时使用，以免耽误人才。用人要注重"适度"，即不能"鞭打快牛"，"快牛"最好用在关键的紧要时刻。用人还要注重"适配"，即讲究合理搭配，如果组合不当，一加一不等于二，甚至等于零，因为失去了整体优势。部队有两句"口头禅"："千军易得，一将难求""兵熊熊一个，将熊熊一窝"。曾国藩认为："大抵拣选将材，必求智略深远之人，决不能选用冗冗者。"可见选好各级主官的重要性。为此，一把手要用心选准配好内设机构

和下属单位的主要负责人,这是用人的重头戏,只要这个"关键少数"用准、用好了,用人就成功了,领导工作也就成功了一半。需要注意的是,不能给德才低的人以高职位,否则"德不配位,必有灾殃";也不能给德才高的人以低职位,否则就会导致人才浪费和人才流失。笔者向来不主张搞"人海战术",一个地区或单位不是人越多越好,关键是要有精英、要有"狮子","绵羊"再多也无济于事,除了管理成本上升外,管理难度也会增加,人浮于事,"九龙治水天下旱""三个和尚没水喝"。《资治通鉴》中说:"官在得人,不在员多。"就是说选择任用官员并不在于人多,而贵于能够得到真正贤能的人。现代管理学之父彼得·德鲁克说:"人越少,内耗越小,组织就越完美。"诸葛亮说:"治乱之政,谓省官并职,去文就质也。夫绵绵不绝,必有乱结;纤纤不伐,必成妖孽。"意即要治理乱政,必须淘汰冗官,去除虚职,避免一无是处的官吏群聚结党,以致危害政务和事业。主要领导要树立这种"精兵简政"的用人理念。

③一把手用人一定要坚持用人不疑、疑人不用。明朝崇祯皇帝最大的缺点是用人多疑独断,即位后用尽心力意图复兴明室,最终却城破自缢,今人可引以为戒。他在位期间,频繁变换阁部臣僚,数次诛杀督抚大吏,"崇祯五十相"说的就是其用人多疑,举措乖张,有恩不欲归下。明崇祯三年(1630年),镇守边关的辽东巡抚、民族英雄袁崇焕"功到雄奇即罪名",被以"谋叛"大罪处死,这正是崇祯皇帝自毁长城的"登峰之作"。客观来说,崇祯还是在乎人才的,但因多疑、偏执,不懂得用人之道,最后毁了自己、葬送了江山,教训深刻。我国当代作家柏杨说得好:"天地何其广阔,有多少事等待我们去做,没有开放的、气吞八荒的胸襟,一味在猜忌中打滚,只有使自己更为鬼祟。"多疑是一个主要领导最不应该

> 尊贤使能，信忠纳谏，所为安以。
> 漢王符语 家明

有的缺陷之一，因为多疑势必导致对别人的猜忌，而猜忌往往会伤害无辜。领导多疑则队伍离心涣散，领导光明磊落则能赢得众人的信赖和追随。

④一把手用人一定要珍惜人才。人才难得而宝贵，不要浪费人才，更不要扼杀人才，敢于用比自己强的人，允许并鼓励下属的才华超越自己，不要成为"武大郎开店"，要让人才有用武之地。汉高祖刘邦之所以能成为西汉第一位皇帝有多种因素，而他敢于使用比自己强的人才的用人胆识和智慧是关键因素。这从他与开国功臣王陵的一段对话可见一斑。他对王陵说：运筹帷幄之中，决胜千里之外，在这方面我不如张良；管理好国家，稳定后方，充实军饷，这种才能我不如萧何；统帅军马，冲锋陷阵，每战必胜，每攻必取，我比不上韩信。此三人都是当今豪杰，天下奇才。但我能毫无保留地相信、任用他们，所以得天下。而项羽只有一个谋臣范增，还不得重用，这就是他必然败亡的原因。

⑤一把手用人一定要具备驾驭人才的本事。比如古代帝王掌管天下，需要各类杰出人才的支持辅佐，而各类出色的人才往往都有各不

相同的个性，有的甚至脾气甚大，狂傲不羁。帝王驾驭他们，既要调动他们的忠诚心和积极性，又要适当地调控，让其一心一意为帝王尽忠职守。在现实领导工作活动中，驭人主要有三种境界：第一种是让下属惧怕自己，对自己产生敬畏心理。这能起到一定的约束作用，可以增强队伍的组织纪律性，但也容易使下属产生逆反心理，队伍的凝聚力不足。第二种是发挥领导者的亲和力，身体力行，与下属打成一片。这种方式通常能受到大家的爱戴，但当队伍规模很大的时候，领导者由于精力有限，难以顾及所有人，自然整体效果就差些。这种只有技术含量而没有艺术含量的方法，姑且称之为"有为而治"。第三种是下属感觉不到领导者的存在，但却潜移默化地受到领导者的无形影响，自觉效仿领导者为人处世的风格，并按领导者的意图做事。这种方法富有艺术性，主要靠文化凝聚，靠道德管理，靠价值观引导。出色的一把手追求的是第三种境界。刘邦与大将韩信有一段对话，道出了刘邦具有驾驭将领的高强能力。刘邦问韩信：本王可以带多少兵？韩信答：大王最多能带十万兵马。刘邦又问韩信：那你能带多少兵马？韩信答：多多益善。刘邦接着说：那将军为什么归我帐下调遣？韩信说：大王不善带兵但善驭将，臣虽能带兵，但不能驭将，故臣投靠大王。这段有趣的对话形象地告诉人们，主要领导必须是驾驭人才的好手，否则就不可能把副职和中层干部这些精英们都团结在一起，让他们心甘情愿地追随和效忠自己。

⑥一把手用人一定要避免重大失误。古今不少案例表明，用人失误是主要领导的最大失误，因为它的危害、损失难以弥补，无法挽回。《史记》中云："置将不善，一败涂地。"比如赵国赵孝成王用人失误，致使国家被秦国所灭的教训值得后人记取。公元前260年，在长平之战中，赵孝成王急于求胜，中了秦国的反间计，使用

赵括代替老将廉颇出战。赵括虽熟读兵书，但缺乏实战经验，不懂得灵活应变，导致赵军粮道断绝，困于长平，赵括被秦军射杀而亡，数十万赵兵尽降，后被秦军坑杀。赵国就这样被赵孝成王的用人不当葬送了，教训不可谓不惨痛。还有，诸葛亮一生谨慎，但因用错马谡而痛失街亭的故事，也值得今人反思。刘备临终前曾提醒诸葛亮"马谡言过其实，不可大用"，但诸葛亮不以为然。建兴六年（228年），诸葛亮出兵祁山北伐魏军，力排众议任命马谡为先锋镇守街亭，因马谡犯下教条主义错误，放弃水源将部队驻扎在南山上，结果被魏军断绝水源，蜀军大败，街亭失守，魏军长驱直入。诸葛亮依军法挥泪斩马谡后，自贬官职、自减俸禄，以究自己用人失察之过，令后人喟叹不已。

（3）要重视给人才营造良好的工作环境。一把手要努力打造有利于人才充分发挥作用、不断成长发展、实现人生价值的内外环境，用心营造充满人文关怀、有温度、充满生机活力的良好氛围，让团队成员愉快地工作和生活，充分调动人的主观能动性和创造性，使其发挥出最大的潜力和竞争力。墨子说："尚贤者，政之本也。"要使尊才、爱才、惜才、护才成为一种社会风气和一种价值追求，就要在政策法规允许范围内，认真解决好人才的政治待遇、经济待遇和精神需求问题，以感情留人、以待遇留人、以事业留人。同时，要遵循人才成长的规律，看人要看本质、看主流、看发展、看潜力，不可求全责备，要宽严相济，坚持严管与厚爱、激励与约束相结合，以宽容的姿态建立和落实容错纠错机制，让人才放心大胆地干事。南宋诗人戴复古说："黄金无足色，白璧有微瑕。"世界上没有十全十美的人才，人总难免有短处和缺陷，因此，要宽容人才的不足之处，不可吹毛求疵，不可横挑鼻子竖挑眼。宽容像春天的阳光，照耀别人亦温暖自己。如果对人才过于苛责，反而成全了庸碌之人。《菜根谭》中说："用人不宜刻，刻则思效者去。"意思是用人不应苛刻，如果苛刻，那些想前来效力的人也会因此离去。

假如没有良好的工作环境、没有适当的待遇，还存在其他过于苛严的束缚，是十分不利于人才队伍的稳定、不利于人才充分发挥作用的，如此，即使有慧眼识英才且知人善任，也还不能完全解决人才的问题，所以做好选贤任能的工作和具有留住人才的办法同等重要，缺一不可。

实践证明，一个不会识才、用才、爱才、聚才的一把手，是无法带好队伍的。

3. 要建立健全科学高效的领导工作机制

一把手要认真研究领导机制问题，重点是要建立健全分级管理、分级负责和科学决策的领导工作机制，实行一级管理一级、一级对一级负责、各司其职、各负其责。具体须把握好如下四点：

（1）**一把手负总责**。各位班子成员根据工作分工分别向一把手负责，部门负责人向分管班子成员负责，原则上一个人只能有一个直接上级。管理学中有一个"手表定律"，即拥有两块以上的手表并不能帮助人更准确地判断时间，反而容易造成混乱，让看表的人失去对时间的精确判断。法兰西第一帝国皇帝拿破仑曾说："宁愿要一个平庸的将军带领一支军队，也不要两个天才同时领导一支军队。"因此，必须遵循"只能有一个直接上级"的原则。

（2）**规范请示汇报工作制度**。即坚持一级向一级请示汇报工作，不越级请示汇报，班子成员向一把手请示汇报工作，部门负责人向分管班子成员请示汇报工作。这个制度很多单位和领导都坚持不好，易在领导之间产生误会和副作用，须下决心克服。

（3）规范工作指挥体系。即坚持一级指挥一级，不越级指挥工作，一把手指挥协调各位班子成员，班子成员指挥协调各自分管的部门负责人。指挥要"单"，不能多头指挥，否则只会让下级陷入"布里丹选择"（布里丹的驴因难于选择哪里的草更好吃而活活饿死），让人无所适从。

（4）加强班子的决策机制建设。决策是行使权力的主要表现形式，决策权是所有权力的核心，主要领导重要的职责之一就是科学地决策。决策机制建设最核心的要求是贯彻好民主集中制原则，正确处理民主与集中的关系，坚持在民主基础上的集中、集中指导下的民主，按程序和步骤进行决策（如确定决策目标、搜集决策信息、提出备选方案、执行评估决策和反馈信息等），充分体现程序性、选择性、指导性、可行性、实效性。同时要做到善断善决，不能议而不决、决而不行，也不能独断专行、盲目拍板。开决策会议的目的主要是定事，而不是议事，议的过程主要在会前完成。议事时应"多歧为贵，不取苟同"，而定事则要"集中为贵，不取分散"。需要注意的是，当无万全之策时，要两利相权取其重、两害相权取其轻，不必追求完美无缺。做决策是件大事，也是件难事，人们常以"能谋善断"作为对一个人的能力的高度评价。因而决策失误乃最大的失误，这很考验一把手的决策智慧和能力。一把手应注意改进决策方式，不断提高决策效率和决策质量。

要真正建立起分级管理的机制，一把手要有胸襟和大气，对下做到"三放"，即放心、放权、放手，束缚住自己的权欲，做到总揽而不独揽，宏观而不微观，放手而不甩手，信任而不放任。把手握紧，里面什么也没有；把手放开，得到的是一切。要懂得抓主要矛盾，有所为有所不为，有所管有所不管。事实往往是，上层无为，下层有为；上层无所不为，下层无所作为。特别要注意，一把手不能搞家长制个人说了算，树立所谓的"绝对权威"，成为"一霸手"，一手遮天。要切记水大漫不过船，手大遮不住天，一意孤行必将众叛亲离；要努力创造形成心齐、气顺、风正、劲足的生动局面。

比尔·盖茨说过："一个领袖如果每天很忙，就证明了一件事——能力不足。"主要领导倘若每天都很忙乱，很大程度上是在"多管闲事"，多数超负荷运转大都是在职责范围之外自己找的，于是成了"劳劳碌碌型"的一把手。诸葛亮的才华和谋略世人公认，但他的缺点是事必躬亲，不善于授权放权，导致后期"蜀中无大将，廖化作先锋"的悲剧局面。如果事无巨细都是亲力亲为，你在台上唱戏，台下没人给你捧场。主要领导"一竿子插到底"有两大害处：下级的依赖性会越来越强；所有的人都在等着你失败，因为你失败了，方能证明他们是正确的。司马光说："天下之事，未尝不败于专而成于共。"意即天下事没有不是败于专擅而成于协力的，对今天的领导者不无启发。

要检验一个地区或单位是否建立了科学高效的领导工作机制，当然有一套标准。但有一个很直观的办法可用于检验，即观察一把手办公室门口是否经常有一大批人像在医院排队看医生、像在银行排队办业务一样，等候请示汇报工作，如果是，就基本上可以推断这个地区或单位还未建立起分级管理、分级负责的领导工作机制。经验表明，如若没有科学高效的领导工作机制，是无法抓好班子带好队伍的。

4. 要自觉运用以制度管人管事的方法

一把手要重视制定和完善各项规章制度，建立运用法治思维和法治方式开展工作的长效机制，坚持依法执政、依法行政，自觉养成依法依规办事的习惯，学会用制度管人管事。在具体的领导活动中，要做到如下几点：

（1）认真做好制度的设计。制度的设定应符合公平和效率的原则，确保公开、透明、清晰，有的放矢，并体现人性化，增强可执行性和可操作性。制度的设计要合法、合理、合情，其运行的规则和程序要十分明确，既不可过于宽泛宽松，又不可过于繁琐苛求，因为前者起不到制度应有的约束作用，后者则缺乏人本内涵、不利于工作效率的提升，因此要科学找准两者之间最优的平衡点。要避免出现"恶制度""恶规定"。如清军入关后，提出"留头不留发，留发不留头"的恶劣口号和法令，强迫汉人剃发，遭到汉人强烈反对，导致各地动乱不已。这可算作是一个教训。任何一个制度都要追求其可行性和效能性，否则就会成为摆设、成为无用的东西。总之，制度设计要追求设计出精巧、高效而规范的制度，规范不等于高效，许多规范往往导致低效，如何破解规范与高效之间达到平衡的难题，很考验制度设计者的思想水平、先进理念和价值取向。制度科学，团队就走在正确的轨道上；制度不科学，团队和事业就难逃厄运。

（2）自觉运用制度管人管事。自觉运用制度管人管事是实现领导意图、推动工作、维护秩序的重要手段之一，须正确把握好。要坚持在制度面前人人平等、制度执行没有特权、制度约束没有例外，坚决维护制度的严肃性和权威性，所有的交情都必须为规章制度让路。手握戒尺，以制度助威、以制度警人是必要的。如果有了制度而不能有效实施，那么再多的制度也会成为一纸空文。唐朝文学家王勃曾说"法立，有犯而必施"，就是说法令一旦制定，凡有违犯者，必须实施惩罚。高明的一把手能做到既让下属有适度的自由，又有适度的管束，像放风筝一样，给风筝一定的自由空间，让其高飞，但手中永远握住风筝线。高明的一把手既能按照原则性做人做事,又能兼顾灵活性为人处事,比如既能做到严格按制度处罚违规者,又会用温柔的手段在感情上安抚被处罚者。

(3) **不断完善发展规章制度**。西汉庐江太守丞恒宽说:"明者因时而变,知者随事而制。"制度的设计和管理不是一劳永逸、一成不变的,不可因循守旧,而要与时俱进,适应形势的变化,不断革新发展,逐步实现从管人、管事朝着激发人的潜能、调动人的干劲并提高工作效率方向转变。哈佛大学教授詹姆士的研究表明:如果没有激励,一个人仅发挥其能力的20%~30%;而在受到充分有效激励时,能力则可以发挥到80%~90%。美国前总统里根曾说:"对下属给予适时的表扬和激励,会帮助他们成为一个特殊的人。"不要陷入极"左"思维的泥潭,不要将制度视为"冷血章程",丝毫不考虑人文关怀,一旦有人违反,领导者一副"欲杀之而后快"的面孔,这不是最好的制度。好的制度能让坏人做不了坏事,坏的制度能让好人做不了好事。只有制度好,人心才能顺,万事才能兴,真正高明的领导要实现从管人、管事到管心的转变。

实践证明,一个不重视制定、执行和革新发展规章制度的一把手,也是无法抓好班子带好队伍的。没有规矩不成方圆,人管不好会出事,事管不好会出局,要用制度去管人,用人性去感人。

5. 要努力养成良好的品性和卓越的领导特质

具有良好的品性和卓越的领导特质,对当好一把手有着特殊的意义。具体来说,包含以下四项特质。

(1) **具有良好的品性**。领导者尤其是一把手应具有如下良好的品性:有强烈的家国情怀,忠诚担当,乐于奉献,不惧吃苦,不忧吃亏,"位卑未敢忘忧国"(陆游),"居庙堂之高则忧其民,处江湖之远则忧其君""先天下之忧而忧,后天下之乐而乐"(范仲淹)。

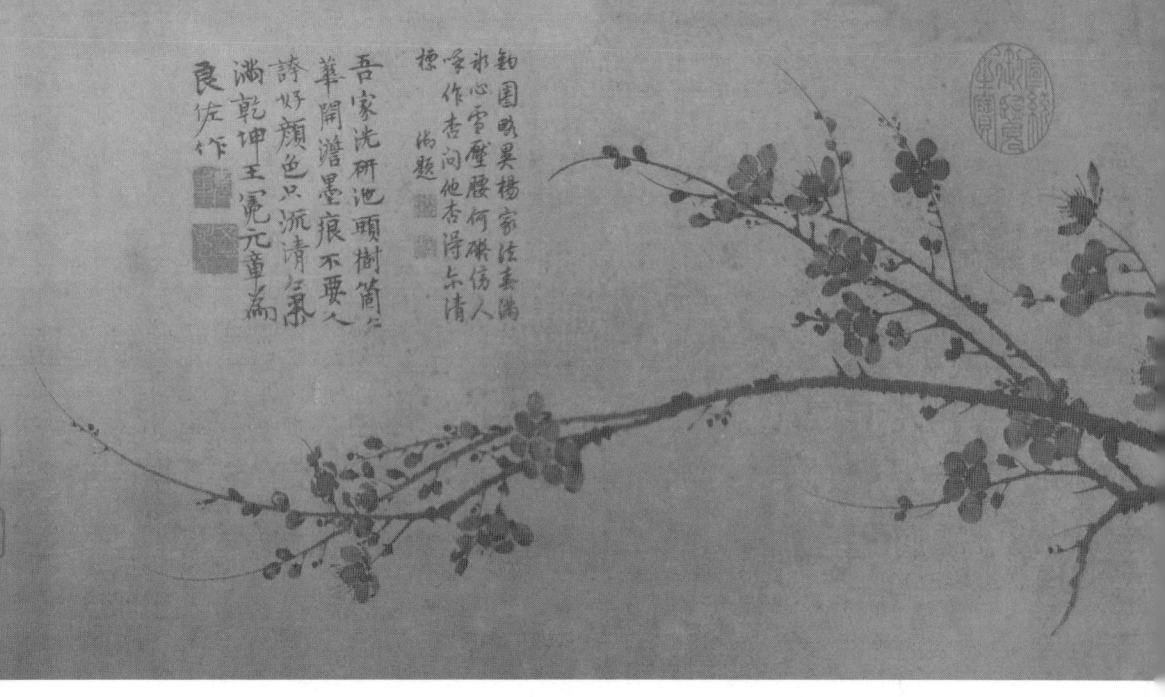

◎王冕《墨梅图》,现藏于北京故宫博物馆。王冕,元朝著名画家、诗人、篆刻家,一生坚守立身之德,历来为各代文人志士所称颂。王冕善画梅,其所画之梅简练洒脱,别具一格。此《墨梅图》中题有《墨梅》诗:"吾家洗砚池头树,个个花开淡墨痕。不要人夸好颜色,只流清气满乾坤。"诗中借梅自喻,表明了诗人的操守和志趣。

有强烈的正义感和强大的人格力量,充满正气,不卑不亢,"富贵不能淫,贫贱不能移,威武不能屈"(孟子)。有高风亮节的为人处世之道,诚实正直而不虚伪奸猾,容人容事而不排斥异己,兼听兼信而不固执己见,荣辱不惊而不喜怒于色,乐观自信而不消极悲观,谦和礼让而不傲慢失礼。有正能量,即能给人希望,给人方向,给人力量,给人智慧,给人自信,给人快乐。有高尚的为官之道,不因位高而忘本,不因权重而忘形,不因名利而迷失;不搞"新官上任三把火"来立威和体现自己的本事,而是保持清醒的头脑和定力;不全盘否定、推翻前任的规划和决策,而是延续过去合理的、可行的、科学的决策;不学"新官不理旧账",而是既"接位"又"接力",敢抓未成之事,甘做铺垫工作;不贪天之功为己功,不争抢荣誉名利,而是主动把功劳和荣誉归于下级;不只对上负责,也对下负责,关注民生,关心下级的冷暖和成长进步。以上这些,都是一个主要领导需具备的良好品性。

这里所说的"品性",其实就是指主要领导的"品格"和"性格",它们决定一个人的命运,决定一个人能走多高多远多稳,没有这两"格",一定当不好一把手,甚至不适合从政。

(2)具有崇高的威望。威望是领导者实现领导意图、实现有效管理的无形资产和基本素质。"威"是指一个人在才华、能力、气质、业绩等方面所体现出来的霸气,"望"是指一个人由其自身品德、修养、资历、人缘等人格魅力所聚集起来的人气。罗斯福是美国历史上唯一连任四届的具有崇高威望的总统,联邦安全委员会主席海因茨·亚当以十分诙谐的口吻说:"如果罗斯福召集联邦安全委员会的一万三千人集体站在亨纳达大桥上,并喊一声'跳',所有人都会跳进水流湍急的密西西比河里,这就是人格魅力,也是忠诚的力量。"

领导的威望,靠上级是封不出来的,靠权力是压不出来的,靠宣传是吹不出来的,靠小聪明是骗不出来的。主要领导要致力于以廉洁生威望,以才干增威望,以公正助威望,以情感育威望,达到"德可以服众,威可以慑顽""不言而信,不怒而威"的境界,实现聚人、聚心、聚情、聚威的目的。如果有"台上你说,台下说你"的现象,就说明一把手没有足够的威望。出色的一把手之所以能服众,就是因为他威望高,有号召力,能做到一呼百应。汉武帝刘彻是西汉第七位皇帝,是中国封建王朝中杰出的君主之一,奠定了汉王朝强盛的根基,形成中国封建王朝第一个发展高峰,还开辟了辽阔的疆域,奠定了汉地的基本范围,是"功越百王"的历史英雄。刘彻取得的伟大成就,与其具有的崇高威望密不可分,他睿智、勇敢,善于识人、容人、用人,部下崇拜他、追随他、忠诚他、服从他，助他开创了空前的丰功伟绩。

没有威望是当不好主要领导的，充其量是一个平凡的负责人，不可能有大的作为，古往今来皆如此。

（3）具有无形的影响力。影响力是指领导者不用诉诸职权就能让人行动，即无形地影响别人按照自己所想而行动的能力。影响力是一个人综合素养的体现，它包括独立人格、高尚品行以及正能量、大气场、表达力、亲和力、凝聚力、感染力等因素的共同作用。一个出色的领导不能没有影响力和气场，气场表露了领导者的底气，彰显了领导者的威严。有研究表明，一个人对他人的印象，约有7%取决于谈话内容，38%取决于辅助表达的方法、手势和语气，55%取决于肢体动作，这就是领导管理学上的"梅拉宾法则"。辅助表达的方法、手势和语气以及肢体语言，是决定一个人气场的关键。有影响力和气场的领导才会有众多矢志不渝的追随者，下属才能真正地信任你、依靠你、服务你、追随你，这样才能当好一把手。

20世纪晚期最杰出的天主教领袖之一特蕾莎修女的巨大影响力值得人们称颂。1979年，特蕾莎修女获得诺贝尔和平奖。2009年10月4日，诺贝尔基金会评选特蕾莎修女为诺贝尔奖百余年历史上最受尊敬的3位获奖者之一（其他两位是1921年物理学奖获得者爱因斯坦、1964年和平奖获得者马丁·路德·金）。特蕾莎一生致力于天主教的慈善事业，在其影响和指引下，她的追随者服务的领域遍及五大洲的25个国家。她的影响远远超出了宗教界，世界各地各行各业的人们都对她心怀敬意，在她演讲的时候，人们都会洗耳恭听。她于1997年9月逝世，享年87岁，印度政府为她举行了只有总统和总理才有资格享有的国葬，来自20多个国家的400多位政要参加了她的葬礼（其中包括3名女王和3位总统）。特蕾莎修女的巨大影力来自她的博爱精神，使贫穷的人感受到尊重、关怀和爱护，用诚恳的服务和付诸行动的爱去医治人类最严重的病根——自私、贪婪、奢靡、冷漠、残暴、剥削等恶行，并为通往社会正义和世界和平开辟了一条新的道路。

事实表明，如果没有影响力，你是永远也领导不好团队的。位高权重的领导不等于就有影响力，而失去了职位和头衔的领导不等于就失去了领导力，比如莫里斯·萨奇就是一位失去了官职后仍极富影响力的领导者。科戴安特传播是全球排名第九的广告行销集团，它的前身是萨奇广告公司。1994年，萨奇的机构投资者迫使董事会解雇了公司的首席执行官莫里斯·萨奇，其后果是数名高管均跟随莫里斯离开了公司，很多大客户也纷纷终止了合作，致使公司一落千丈，股价迅速从8.675美元下降到了4美元。这一切正是影响力法则导致的结果，史丹利·哈夫迪曾说："不是职位造就了领导者，而是领导者造就了职位。"

（4）具有强大的领导力。有一句名言说得很精辟："一只绵羊带领的一群狮子，肯定敌不过一头狮子带领的一群绵羊。"它形象地说明了一把手强大领导力的重要作用。领导力是指总揽全局、协调各方的综合能力，即领导者有计划、有系统、妥善而又完整地把握工作的全过程，并运用灵活机动和切实有效的领导方法，带领下属去完成既定计划的一种能力，它包括政治领导力、思想引领力、群众组织力、社会号召力。强大的领导力的形成，是上述领导者良好的品性、崇高的威望、无形的影响力的总和。领导者不要把自己拥有的权力和地位当作是领导力，领导力是除了魅力之外什么都没有的时候，你仍然拥有追随者的一种威望、影响力和能力。强大的领导力主要体现在如下四个方面：

一是要给单位设计和表达一个共同愿景。这是一把手的重要作用之一，也是领导力的重要体现，必须深谋远虑，具有远景和近景的规划设计能力。通过给下级描绘一幅充满吸引力、激动人心的未来及近期蓝图，启发和激励他们为实现这个蓝图而努力奋斗。当然，这个蓝图目标要恰如其分，不能定得过高过大，也不能定得过低过小。过高过大，会让下级觉得无法实现而失去信心和积极性；过低过小，又失去吸引力，没有任何挑战性，达不到激励的作用，不利于下级锻炼成长。同时，不能只想长远、不顾当前，那样会陷入空想；也不能只顾当前、不想长远，那样会失去方向。总之，它要符合心理学中的"洛克定律"：当目标既是指向未来的，又是富有挑战性的时候，它便是最有效的。共同愿景是一个令人憧憬的美好理想，具有可信度却又不能一蹴而就，它搭起一座沟通现实与未来的桥梁，给人们注入拼搏的动力和活力，并使他们的工作和付出富有意义。愿景随着时代的发展会发生相应的变化，但使命是持久的，卓越的领导者能够始终以一个远大的目标来激励人们，促使大家始终保持昂扬的斗志和竞争优势，为实现理想而不懈努力、孜孜以求。全球著名管理学家汤姆·彼得斯说："领导是做不一样的事，它不是要你做得卓越，而是激发别人做得卓越。"

二是要多用"软权力"来实现领导目的。在开展工作过程中，一把手要少用"硬权力"即行政命令来实施领导，多用"软权力"即非权力因素的特殊领导特质如个人品质、人格魅力、专业素养等来实现领导的目的，多用"春风化雨""润物细无声"的柔性之法抓班子、带队伍。有个"南风法则"对此很有启发——法国作家拉·封丹写过一则寓言：北风和南风比威力，看谁能把行人身上的大衣吹掉。北风首先来一股凛冽刺骨的冷风，结果行人为了抵御北风的侵袭，便把大衣裹得紧紧的。而南风则徐徐吹动，顿时风和日丽，行人因为觉得春暖上身，始而解开纽扣，继而脱掉大衣，南风获得了胜利。"南风法则"亦称"温暖法则"，它形象生动地告诉人们：温暖胜于严寒，来自正向的能量比反向的威力更能让人们心悦诚服，进而积极主动地做好工作。"硬权力"的弱点是强制性的、生硬而冰冷的，对下属的行为影响大，但对人的心灵影响小；而"软权力"的优点是非强制性的、柔润而温暖的，对人的心灵影响大，领导者与被领导者之间可以形成互相感召和互相依赖的关系，领导者散发出来的人格魅力的光芒，能像磁铁一样吸引着下属。有研究表明，99%的"软权力"与1%的"硬权力"，组成了领导的成功定律。一个人的职权是有限的，而"软权力"的力量则是无穷的，因此"德高望重"比"位高权重"要重要得多。有的主要领导官当大了，脾气见长，摆着一副神圣不可侵犯的脸孔，心浮气躁，工作方式简单，遇事抓耳挠腮，态度粗暴，缺乏耐心，疾风暴雨，以压服代替说服，动不动就雷霆大怒，甚至把下属当作自己的出气筒。这是不善于驾驭自己情绪的表现，也是不具德才的表现，是典型的"通不通三分钟、再不通龙卷风"的做派，万万要不得。因为领导的情绪直接影响下属的心境，直接影响下属的工作积极性、效率和质量，直接影响一个单位的凝聚力。大凡性情暴躁之人、刻薄寡恩之人、固执呆板之人，皆难以建功立业。有的人有本事没脾气，有的人有本事有脾气，有的人有脾气没本事，主要领导要追求做有本事没脾气之人。

周朝开国元勋、商末周初兵学奠基人姜子牙的主政方略值得称颂。周文王问姜太公：君王主政之道如何？太公答曰：君王临朝处事，要宁静而安详，温和而有节度，不可心浮气躁，刚愎自用；多听别人意见，少独断专行，虚心静气以待人，不可骄矜固执己见，接物待人要公正持平，不可徇私。姜太公的治国为政之道，也就是后来明朝洪应明所言"使喜怒不愆，好恶有则""使民无怨咨，物无氛疹"的方法。主要领导应学会换位思考，将心比心，对下属动之以情、晓之以理，求同存异，始终以冷静和韧性从容应对一切。冷静，需要有一颗强大的内心；冷静，是一种整理思路、积蓄力量的方法，在冷静中思考，在冷静中丰富。《礼记》中说："静而后能安，安而后能虑，虑而后能得。"古人这种完整的辩证思维特点和临事有静气、遇事有定力、淡定而不急躁的修为对今人仍很有启迪。

在日常工作中，一把手还要懂得适时赞赏下属，要不忘欣赏、不吝赞美，要知道赞美是最好的激励。美国著名人际关系学专家戴尔·卡耐基说："真诚嘉奖，慷慨赞扬，人们就会珍爱和珍惜你所说的话，终生牢记在心。"赞扬犹如拂面春风，细软温柔。一把手要懂得刚柔并济、以柔克刚的精妙之处，软如藤条，硬如钢条，柔中藏刚，刚柔并用不可偏废，太柔则靡，太刚则折，柔是手段，刚是目的。此外，还需懂得"权变"。兵无常势，水无常形。所谓权变，是指根据领导管理环境和领导者面临的基本情况做出灵活处置，善于以弹性的思维给出符合实际的有效的应对方法及举措。想问题、做事情应尽可能合情合理，即既合乎情理又合乎原则，两者兼顾，既不要太刻板太僵化，当然也不能太圆滑太世故。

三是要有宽广的胸怀和格局。作为主要领导，情商比智商更重要。最出色的领导往往不是那种最有魄力的领导，而是那种情商很高，能够在不同的个性层面达到理想的均衡状态的"多元化"领导者。所谓情商，是指个人感知、理解、成功控制自己和他人情感的能力，是在情绪、意志、耐受挫折等方面的品质，它由自我意识、

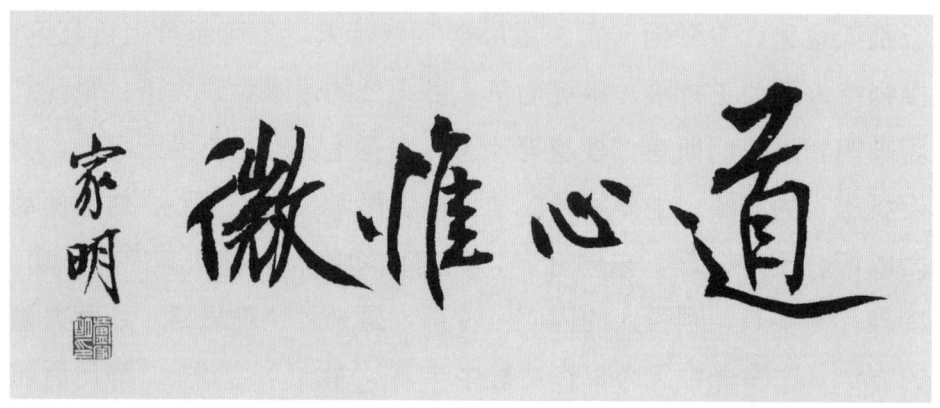

控制情绪、自我激励、认知他人情绪和处理相互关系等内核组成。高情商就意味着能高效控制自己和周围的各种关系,是领导力的重要构成部分。有科学家研究发现,90%的人的智商介于95至120之间,个体智商差别不大,而情商的个体差别却很大。有的人甚至认为,一个领导者的成功,20%靠智商,80%靠情商。一个人若心"小"了,所有的事就"大"了;若心"大"了,所有的大事就"小"了。"量小"非君子,"无度"不丈夫。只有情商高的人才拥有宽广的胸怀,"宰相肚里能撑船"。老子曾说:"江海之所以能为百谷王,以其善下之,故能为百谷王。"因此,人要正大,心要强大,气要博大。读维克多·雨果的名著《悲惨世界》,可以给我们启迪:世界上最宽阔的是海洋,比海洋更宽阔的是天空,比天空更宽阔的是人的心灵。宋真宗时期,宰相王旦位高权重,他情商极高,心胸宽阔,宽容忍让,做事谨慎周到,令人敬佩。当时朝廷有一名大臣寇准,见王旦官职在自己之上,心里不服气,不由自主地对王旦的言行有所诋毁,并在上朝时当众指责他的缺点。但王旦非但不生气,反而认为寇准忠心可鉴,可堪大任,每次在宋真宗面前都称赞他的优点，说他是一个值得众人学习的楷模。宋真宗觉得十分惊讶，有一次与王旦私下交谈时问道："你经常称赞寇准，他却数次说你的短处，你为什么能这样做呢？"王旦回答道："我在相位已经这么久了，缺失一定很多，但因职位较高，一般大臣都不敢指出我的缺点，而寇准能够直陈我的不足，可见他是如何的忠贞直率，这也是臣下看重他的原因。有这样的大臣，既是国家之福，也是我的良师益友啊！"

曾国藩说："谋大事者，首重格局。"决定一个人上限的往往不是天赋、机遇、能力，而是做人做事的格局，格局决定人生的高度和厚度，决定一个人的层次和结局。格局是一种胸怀，一种修养，一种素质，更是一种能力。大凡格局大的人，都站得高，看得远，想得开，受得怨，吃得苦，容得人；大凡格局大的人，皆非自私自利之人，他们不仅懂得收获，更乐于奉献；大凡格局大的人，遇事总是处变不惊，荣辱不惊，不计较无关紧要的小事，会集中精力做大事、做重要的事；大凡格局大的人，都不会轻易树敌，恪守冤家宜解不宜结的朴素道理。格局越大，思路越宽，道路越阔，人脉越广，追随者越众，收获和成功越大。格局大的人之所以受人欢迎，是因为别人与他相处会感到轻松和舒服，这是因为他具有很好的理解能力和与别人相处的能力，非常善解人意。总之，如果胸怀和格局小，就会成为"胸怀格局缺失型"的一把手，是不可能拥有强大的领导力的。

四是要努力做魅力领导、联盟领导、变革领导。所谓魅力领导，是指通过个人的人格力量使团队成员对自己产生认可、尊敬和敬佩，进而想要追随和效仿自己，可令亲者爱、疏者慕、仇者敬。魅力可谓点燃追随者激情和奉献精神的熊熊烈火，能够带来远远超越职责的成果，它对人们有强烈的情感影响力，能激励人们不顾困难和个人牺牲，去完成比平常更多、更有风险的工作，并热情四溢地坚持下去。我们敬爱的周恩来总理就是魅力领导的楷模和杰出代表，就连敌人也钦佩他、尊崇他。所谓联盟领导，是指善于发展组织内外广阔的、积极的人际网络关系，打破屏障，促进各单位之间无障碍的合作，通过建立相对稳固的联盟，支持帮助自己实现组织愿景和奋斗目标。比如美国前参谋长联席会议主席科林·鲍威尔就是联盟领导的佼佼者，他经常把陆军、海军和海军陆战队高傲的领导们聚集在一起，让他们互相了解彼此、增进合作，从而有效地发挥了主席的联盟作用。所谓变革领导，是指善于描绘未来理想的蓝图，激励追随者超越自身利益，关注和维护集体整体利益，通过大胆改革实现个人和组织的远大目标。例如我国改革开放先锋人物袁庚就是变革领导的样板，他在深圳蛇口的一系列变革和所取得的惊世骇俗的改革成果，让世界对蛇口、对袁庚都刮目相看。美国管理学家罗勃特·雅各说："未来成功的组织，将是那些能够快速、有效、持续、系统地进行变革的组织。"

如果一个领导者想让自己和自己的团队走得更高更远，就必须不断提升个人强大的领导力。比如在一个职业化的体育组织里，人才往往不是问题，几乎每一支队伍都不缺少体育天才，而真正的问题在于这支队伍里主要负责人的领导力。假如一支运动队人才济济而比赛却拿不到好成绩，那么在很大程度上就是团队主要负责人的领导力出了问题。又比如，史蒂夫·沃兹尼亚克在20世纪70年代时是苹果电脑的出谋划策者，但因他的领导力不强，故未能有重大突破，而他的合伙人史蒂夫·乔布斯的领导力就很强，所以他最终缔造出一个庞大的跨国企业，苹果因此成了全世界市值极高的王牌公司之一。

如何才能比较快捷而有效地提升领导力呢？这又是一个大的课题，在此笔者仅选取四个主要因素简述之。

首先，获得信任是领导力的根基。信任是凝聚整个团队的黏合剂，一个人一旦失去了人们对他的信任，他就失去了领导力。而品格又是信任的根基，如果一个人没有了品格，也就失去了人们对他的信任。主要领导要通过自身的优良品格（比如公道正派、廉洁自律等）获得团队成员的信任。百事可乐瓶装集团的创始人克雷格·韦瑟拉普说："人们会宽容由于诚实犯下的错误。但是如果失去了他们的信任，那么你会发现很难再取得信任。因此，你必须把信任视为你宝贵的资产。"

其次，赢得尊重是领导力的保障。人们通常愿意追随自己尊重的人，领导力只有在追随者那里才能得到证明，那些自以为具有领导力却没有众多追随者的人，只不过是在自夸而已。主要领导要通过自身的领导才能、靠自己的努力获得成就，要懂得尊重他人，从而获得团队成员的尊重。当别人把你当领导来尊重，人们就会自觉自愿地追随你。

再次，助人成功是领导力的源泉。领导者成功的最大标志是能够帮助他人成功，为他人增加人生价值，这是取之不尽、用之不竭的领导力源泉。因此，一把手要乐于帮助人、乐于培养人、乐于提高人，这样才能吸引越来越多的追随者，才能不断增强个人的领导力。

最后，建立亲和力是领导力的助推力。亲和力是领导团队的润滑剂，对化解矛盾、吸引团队成员起到很重要的作用。主动与别人建立亲密关系，是领导者的职责，你的亲和力越强，你与追随者之间的关系就越牢固，追随者也就会更主动地支持你。主要领导要通过自身的坦率真诚、关注他人、信任他人、给他人带去愿景和希望，身体力行地建立亲和力。领导者须懂得：得人之前必先得其心，引领别人要用心。一把手要做领导者，不要做统治者。领导者是讲究艺术的、人文的、有温度的，效果是好的；而统治者则是简单粗暴的、残酷无情的，效果是不好的。

一切组织和个人的兴衰都源自领导力，而领导力不是一种与生俱来的天赋，而是通过后天学习训练获得的，是日积月累的结果，不可能在短时间内奏效。领导力的开发不存在速成，最重要的是你在长时间里每天坚持学什么、练什么、做什么、提升什么，把功夫下在平时。冠军并不是在拳击场上才成为冠军的，他们只是在那里得到了认可。不经风雨，无法见彩虹，罗马不是一天建成的，领导力也不是一天练成的，需要你长期付出不懈的努力。领导力主要是做人的艺术，而非做事的艺术。

实践证明，一把手如不具备良好的品性和卓越的领导特质，想抓好班子带好队伍，将永远是一句空话。

这第一个"善于"，是一把手最重要最核心的修养和能力，可谓"牛鼻子"，如果抓不出一个坚强有力的领导班子，带不出一支过硬善战的干部队伍，那么其他一切工作都难以做好。此处花了比较多的笔墨来论述这个问题，希望读者能够切实高度重视之，深入研究之，对它有更深层的认知和更深刻的印象。

（二）善于出工作思路和方法

毛泽东同志认为，主要领导要重点做好两件事：一是出主意；二是用干部。"用干部"前面已述，在这里谈谈"出主意"的问题。看法决定想法，想法决定做法，认知决定思路，思路决定出路，方法决定成败。因此，要做到脑里有想法，落实有方法，既有高屋建瓴的指引，又有清晰可行的路径，要定好盘子，理清路子，开对方子。假如脑子里一团糨糊，手头上必然是一团乱麻，累死人的不是工作，而是工作方法，方法不对头，工作没尽头。干同一项工作，因为思路和方法不同，就会导致两种不同的结果。有什么样的思路和方法，就会有什么样的出路，这就叫思路决定出路。任何成功在最初时就是一个思路，任何失败最初时也是一个思路，其区别在于，前者是正确的思路，后者是错误的思路。思路是战略，方法是战术，在当前改革发展的大潮中，战略和战术要有机地结合起来，才能无往而不胜。

一个出色的领导者，不能只有愿景、目标和热情，必须有实现目标的思路和方法。要想当好主要领导，单靠天赋是不够的，须靠后天的学习，坚持不断地学习新知识、新思维、新方法，要避免思维僵化、观念固化、心态老化，否则怎么能持续想出好工作思路和工作方法呢？怎么能确保你始终有无穷的智慧呢？理念是行动的先导，思想是实践的指南，而正确的理念和思想来自科学的世界观和方法论。在研究工作思路和方法时，要从全局上去把握，从整体上去思考，从结果上去判断；要弄清楚理论上的支撑点、实践上的操作点、结果上的考核点，做到理论上说得通、实践上行得通、考核上做得通。抓工作，往往是急抓不顶事、不抓要误事、善抓才成事，要做到心中有点子、手中有刷子。一把手要舍得花时间和精力认真研究这个问题，边学边用边提高，从而有力有效地指导全局工作。具体来说，可从两个层面来出工作思路和方法：

第一个层面：给地区或单位提出一个总体工作思路和一个总体工作方法。比如提出"党委（党组）统领、科学谋划、统筹兼顾、突出重点、以点带面、创新驱动、全面发展、造福一方"的总体工作思路。又如提出如下八个总体工作方法：

①抓干部、聚人才。只要把"人"的问题解决了，一切问题就迎刃而解，抓住了干部人才队伍建设就抓住了根本，一切事业就有了组织保障和人才支撑。②抓基础、谋长远。开展工作要注重打基础，要从长远着眼，考虑长远发展，要有长期抓的思想准备和科学合理的规划，不能急于求成，毕其功于一役。③抓早期、争主动。抓工作抓而不紧等于不抓，工作抓早了就主动，抓迟了就被动、效果就不好，要有紧迫感，具有"抓早、早抓"的强烈意识。④抓重点、求突破。一个地区、一个单位的工作不能没有重点，重点工作要重点抓，并要力求突破，取得预期的成效，同时要注意重点工作不宜定得过多，否则等于没有重点。⑤抓合力、善借力。形成不了合力的团队是一盘散沙，是没有战斗力的，是抓不好工作的；善借外力很重要也很必要，它是解决自身资源和力量不足问题的最好途径。⑥抓精准、讲实效。抓工作要力求精准定位、精准发力、讲求实效，努力做到上连"天线"、下接"地气"，既要符合上级的总体要求，又要让基层和群众得到实惠。⑦抓火候、顺趋势。工作的"火候"是指条件、时机、氛围、共识、动力等因素，善于抓住工作火候的人是高明巧干的领导者，定能取得事半功倍的效果。⑧抓督导、重落实。任何工作如果离开督导，定会影响效率和质量，凡

是重部署、轻督导的做法，都是不利于工作落实的，许多事将成为空谈。

第二个层面：指导协调副职和部门负责人提出每项工作的具体思路及具体方法。比如对街道办来说，安全生产工作如何抓好、维护稳定如何把握、城市管理工作如何强化、土地整备如何突破、民生工程如何建设、企业服务如何到位、党建工作如何深化、社区建设如何提升等等，都要在地区或单位总体工作思路和总体工作方法的指导下，根据不同的工作领域，分别提出有针对性的具体思路和具体方法。

在这个层面，一把手只起到指导协调作用，主要还是由副职和部门负责人去研究。许多工作抓不好，往往是因为一般号召多、个别具体指导少，搞大呼隆，大而化之，笼而统之，要注意克服这个问题。

要想出好的思路和方法，须具有如下六种思维能力：①目标思维——明白前进和发展的方向，能够使团队朝着目标一致努力而不偏航。②客观思维——能够实事求是地思考问题，反映客观实际，不带个人强烈的主观色彩。③危机思维——需有忧患意识，把危险和后果想在前面，很多问题要防患于未然，以免临时"抱佛脚"。④批判性思维——用批判的态度去分析各种复杂的问题，能更客观地认识事物，做出理性决定，避免简单化和盲目化。⑤换轨思维——即创新思维，当某一路径难以抵达目标时，要及时换轨，重新找新的出路，找新的突破口，从而走出困境。⑥"黄金圈"思维——这一思维模式由英国思想家西蒙·斯涅克提出，即思考问题时先从"为什么"出发，即考虑为什么要这么做，这么做的理念和目的是什么，从内心激发出感性的情感，产生驱动力，然后再思考怎么做，设定目标一步步实现。这一思维模式，可以帮助人们解决工作没有思路以及思路不清晰等问题。

　　遵照上述思维，在实际工作中，还要把握好如下五个方面：①懂得务虚和务实紧密结合，务虚是认真分析、深入研究，是运筹帷幄之中的谋划；务实是脚踏实地，办实事、出实招、求实效，是决胜千里之外的实践。务虚是为了更好地务实，要务好实必须务好虚。②懂得把工作目标明确化，并让计划变得切实可行。③懂得分解目标并细化工作任务，使工作有计划有序推进。④懂得让每一项工作任务都成为一个完整的闭环，即形成"策划—实施—检查—改进"的良性循环。⑤懂得以结果为导向，确保工作任务执行落实到位。

　　不论是研究哪个层面的工作思路和方法，都要强化两个意识：效率意识和品牌意识。

　　1. 效率意识

　　袁庚说："时间就是金钱，效率就是生命。"这句话改变了深圳，对深圳走向世界起到了重要的引导作用。没有效率就没有生命，连生命都没有了，一切将无从谈起。讲效率，就是要想事情比别人早一点，抓工作比别人快一点，下好先手棋，打好主动仗；就是要抢时间、抢进度、抢结果，并始终依靠团队成员的创新和通力合作提高工作效率。慢一拍，就会贻误发展良机；误一时，就会影响发展大局。任何工作，只要是快了就主动，收到的效果就好，就不会挨批挨打。反之，即使工作比之前做得更好，但因为工作延迟，都会变得很被动，收到的效果会大打折扣，会挨批挨打。在现实工作中，往往工作流程太长，节点太多，审批太繁，以致效率太低。主要领导应该设法删繁就简，创造有利于提高效率的工作条件，而不是有意无意延长工作时间。

诺贝尔文学奖获得者、爱尔兰剧作家萧伯纳说:"世界上只有两种物质:高效率和低效率;世界上只有两种人:高效率的人和低效率的人。"努力也有两种:盲目努力和精准努力。盲目努力的特征是无明确目标,不讲求效率,用战术上的勤奋代替战略上的谋划,不能获得有价值的结果;而精准努力的特征是目标明确,追求效率,在战略上深思熟虑,精准发力,从而收获有价值的结果。如果两名干部中,一名能在每周每天的法定工作时间内出色完成既定工作任务,一名则需要加班加点才能完成,在这种情况下,重用前者还是后者,这关乎导向的问题。显而易见,前者工作效率高,办法多,方法科学,说明其能力水平与岗位相匹配,属于精准努力型;而后者工作效率低,办法不多,方法不科学,说明其能力水平与岗位不相匹配,属于盲目努力型。这就是一把手鲜明的效率意识。

要想提高工作效率,需树立一个理念、加强两个方面的管理。

(1)一个理念——"深度工作"理念。美国畅销书作家卡尔·纽波特提出"深度工作"理念,认为人应培养经过深思熟虑后进行深度工作的能力,不唯工作时长,而注重能否创造出更多的工作价值。

与此相对，有些人受"忙碌是生产力""加班是努力工作的象征"等思维定势的影响，做了许多效率低、价值低、不能转化为生产力的无用功。这警示我们，在具体的工作实践中要关注管理的效率。

（2）两个方面的管理——时间管理和精力管理。①时间管理。应科学合理安排使用时间、节约时间、珍惜时间（时间管理在本书第三章中详述）。②精力管理。其与时间管理同样重要。人就像一块充电电池，精力就是电池的电量。人的精力是有限的，你在不重要的事情上耗费精力，那么在重要的事情上就精力不够，因此要把精力花在"刀刃"上，专注做最重要的事。只有精力十分充沛，才能提高工作效率，否则时间再多也无济于事。身体好才能精力好，这是人生的资本。大凡精英人物，首先需要保证精力旺盛，不然难以熬到精英的位置。精力需要管理，要懂得"一张一弛，文武之道也"（《礼记·杂记下》）。美国行为心理学家吉姆·洛尔说过："'互联网+'时代，人们不停地忙着和时间赛跑，却忘记了我们其实精力有限，需要休息、恢复和再生。"这也说明，人的精力是需要管理的。

2. 品牌意识

品牌意识，即要紧紧依靠团队成员的创新精神和智慧力量，打造团队的工作品牌和精品项目，创造亮点。企业生产讲品牌，因为品牌是企业生存发展之本；党政机关虽不是卖产品的，但也要讲工作品牌，树立样板，以典型引路，以点带面，从而推进整体工作。这样，我们的工作就做到了既有"盆景"又有"森林"，点面结合，相得益彰，全面发展。品牌意识，其实也是质量意识。标准决定质量，只有高标准才有高质量。有的主要领导看上去很忙碌、很辛苦，但往往处于低水平的思考，导致工作质量低。因此，要追求卓越，坚持高标准要求，自觉向最先进对标，敢于与最强的争、同最高的比，要干就干得漂亮出彩。哈佛大学教授皮鲁克斯说："性格保守的人，只是相信以前的陈规，不善于开拓新局面，所以总是重复过去。"可见，因循守旧、墨守成规不利于创新工作。

　　一把手如果不重视对工作思路和方法的深入研究，就很容易使一个地区或单位出现盲干和蛮干的现象，不尊重科学，不尊重工作规律，想当然地做决策，稀里糊涂铺摊子，其结果导致方向不明，思路不清，工作杂乱无章，效率和质量都上不去。方法不对，功夫白费。工作思路和方法搞对了，才能事半功倍，反之则容易劳民伤财。

（三）善于抓工作重点和难点

一个地区或单位的工作千头万绪，往往是量大面广线长，且纷繁复杂。作为一把手，该怎样精准发力开展工作？比较科学的办法是抓重点、破难点，在把方向、谋大局、保发展、促改革上下足力气。对重点和难点工作，要善于打"攻坚战"和"歼灭战"，集中优势兵力，以排山倒海、摧枯拉朽之势，各个击破。如果抓不住重点、突破不了难点，一个单位的工作就无法有起色，而且会做许多无用之功，久而久之，团队会成为疲劳之师，对工作与前景失去信心，正所谓古人所说的"将帅无能，累死三军"。

1. 要抓好重点

《资治通鉴》中云："为贵人当举纲维，何必事事详细。"就是说身为领导者，应该把握纲领或主要的方面，不必事事都具体详尽。北宋宰相、文学家苏辙曾说："主大计者，必执简以御繁。"意思是主持全局、谋划大计方略的人，必须掌握住简明、核心的总纲，去驾驭纷繁、琐细的事务。东汉经学大师郑玄也说，"举一纲而万目张"，意即做任何事情都要抓重点和抓主要环节。一把手在"弹钢琴"的工作方法指导下，在统筹兼顾的基础上，一定要分清主次，分清轻重缓急，集中时间和精力突出抓好重点工作，切忌"西瓜芝麻件件要""胡子眉毛一把抓"，切忌撒"胡椒面"、平均使用力量。一把抓不如抓一把，都想满抓反而都抓不住，而且还容易导致忙得没有了方向，忙得没有了主张。打鼓要打到重心上，抓工作要抓到要害上，好钢要用到刀刃上。那么，应该怎样去确定轻、重、缓、急呢？要懂得管理学中的"艾森豪威尔法则"，即把工作分为五个类别去把握：必须做的事、应该做的事、量力而行的事、可委托他人代办的事、应该删除的事。分清它们,才能应对自如。法国哲学家布莱斯·巴斯卡说:"把什么放在第一位,是人们最难懂得的。"明朝思想家冯梦龙说:"审大小而图之,酌缓急而布之。"要精心确定主次,把重要事情摆在第一位,然后按先后顺序行动,牵住"牛鼻子",紧紧抓住重点领域、重点任务、重点试点以及关键主体、关键环节、关键节点,既突出重点,又统筹谋划,坚持两点论和重点论的统一,避免只见树木、不见森林,防止畸轻畸重、顾此失彼。

善于抓住工作重点是一种能力,是指能快速地将纷繁复杂的各种表面现象归纳总结为结构清晰的事物特征,抓住事物的根本和问题的关键,并准确确定工作重心的能力。怎样才能精准地确定工作重点呢?可从下面三个原则去研究:一是把握和领会上级领导机关的意图,上级领导的工作方向、目标和关注的焦点,就是你单位中心工作和重点工作的源泉;二是结合本地区或本单位的实际,根据自身的优势和短板来确定工作重点;三是把握常规重点,比如就县区级而言,组织干部、安全稳定、产业发展、营商环境、民生事业、基层建设等就是重点工作。凡重点工作都必须牢牢地抓在手中,并聚焦、聚神、聚力抓落实出成效,避免徒陈空文、浮光掠影。得其大者可以兼其小,时时处处"拎得清"显得十分重要。一言以蔽之,确定重点工作要做到与中心工作"同向",与现实需求"对路",与上级关注"合拍"。

西班牙经济学家帕斯托认为,在任何一组事物中,最重要的只占其中一小部分,约20%,而其余的80%虽然是多数,却是次要的。如果工作分不清主次,抓不住重点,就会像在云里雾里失去方向,就会像脚踏西瓜皮滑到哪里算哪里,如此你的工作就只能是平平淡淡,难有起色,甚至一事无成,竹篮打水一场空。

2. 要破好难点

大多数工作特别是重点工作都会有难点，只有及时地破解它，每项工作才能顺利推进，问题才能迎刃而解；否则，它就会变成"肠梗阻"，就会阻碍这项工作的进程，延缓甚至延误工作。"责其所难，则其易者不劳而正"（《资治通鉴》），意即做事把重点和精力放在难点上，只要把难点解决了，简单的部分自然也就解决了。一把手就是要多做破解难点的工作，敢于接烫手山芋，敢于面对老大难问题。

怎样才能破解难点？

首先，要善于具体问题具体分析。爱因斯坦曾说："往往提出问题比解决问题更重要。"破解难题的前提是，要弄清楚哪些是体制机制弊端造成的问题，哪些是改革发展中出现的新问题，哪些是工作职责不落实导致的问题，哪些是条件不具备暂时难以解决的问题。要善于掌握事物的特点和规律，从整体上把握事物的共性和特殊性，认识事物发展的轨迹与趋势，形成分析问题和解决问题的新思路，进而明确有效破解难题的主攻方向，既要解决浮在表面的问题，更要注重解决深层次的问题。否则，将会是盲目推进，不得要领，以致事与愿违。

其次，要找准解决难题的突破口和切入点。有志者自有千计万计，无志者只剩千难万难。经验告诉人们，纲举才能目张，打蛇要打七寸，瞄准了"七寸"下手，抓住了主要矛盾和矛盾的主要方面，就能稳准狠地破之。领导者的思维固化是破解难题的拦路虎，一定要摆脱权威思维定式、旧经验思维定式、后果思维定式。逆向思维能力有助于解决疑难杂症，对特殊工作要敢于反其道而行之，不按常规出牌，比如采取以退为进、退一尺进一丈等攻城拔寨的战术。横向思维方式也是应对复杂问题的新思维，其与传统的纵向思维方式不同，是从一种看待事物的方法转换到另一种方法，亦即换一个角度去思考问题，看还有没有更好的解决问题的办法，不断探索求证。这种思维方式具有创造性，它会试着"旁敲侧击"，尝试用不同的认识、理念和切入点来找到解决问题的新办法，以达到最佳的效果。只要精神不滑坡，办法总比困难多，不是没办法，而是没用心想办法。用心想办法，一定有办法；只为成功找办法，不为失败找借口。日本经营管理学家士光敏夫认为："一个墨守成规按部就班的领导绝不是一个好领导。"

最后，要有坚韧不拔、百折不挠的坚强意志。千难万难，畏难才真难；这难那难，克难就不难。拿破仑曾说："在我的字典里没有不可能。"阿里巴巴集团创始人马云说："今天很残酷，明天更残酷，后天很美好，但是很多人都死在明天晚上。"成功的秘诀第一个是坚持到底，永不放弃；第二个就是当你想放弃的时候，再照着第一个秘诀去做。因此，破解难题就是要有这些豪迈而坚定的决心，勇于逢山开路、遇河架桥，攻坚克难，在改革发展稳定工作中敢于碰硬，在困难面前不低头，在挑战面前不退缩，明知山有虎偏向虎山行，有"踏平坎坷成大道，斗罢艰险再出发"的豪气，奋勇搏击，不获全胜绝不收兵；要坚信"锲而不舍，金石可镂""绳锯木断，水滴石穿"的朴素道理。人人都会遇到困难险阻，战胜它则是英雄，否则只能做凡夫；退却绝无出路，奋起方能破局。在红军最困难的时候，林彪问毛泽东："红旗还能打多久？"毛泽东自信而坚定地说："星星之火，可以燎原。"

(四)善于做好"外交"工作

此处所说的"外交",是指因工作需要而进行的对外交往。俗话说:"一个好汉三个帮。"做好"外交"工作是一把手的重要职责,旨在营造好良好的外部工作环境,为出色地做好本地区或本单位的工作借力借势。

一个人、一个单位的力量毕竟是有限的,要想更有力地推动工作、取得事业的成功,就必须善于借助各种有利条件和力量,从而增强自己的实力,为改革发展助力。也就是要团结一切可以团结的力量,争取一切可以争取的资源,调动一切可以调动的因素。所以要善于"巧借东风""借梯登高",借可借之人,借可借之力。

善于借力是一种不简单的智慧和能力。且看柳絮的借力:"好风凭借力,送我上青云";桃花的借力:"桃花尽日随流水,洞在清溪何处边";帆船的借力:"朝辞白帝彩云间,千里江陵一日还"。借力不是偷懒和依赖,而是坦然地求助,是当尽力时尽力,尽力的同时还要学会借力,这是成功者的思维。《孙子兵法》中云:"善战者,只求于势,不责于人。"意思是说,真正的高手一定是从势上去下功夫,去研究势,去借用势,顺势而为,而不是苛求自己的团队。

1. 要善于向上级借力借势

向上级领导机关和业务主管部门借力借势,即"纵向借力",积极主动向上级请示汇报工作,让上级了解你的工作,争取上级领导对你工作的重视、支持,争取上级政策、资源及力量的倾斜和投入。向上级汇报工作要侧重汇报你所负责的地区或单位的发展定位和目标、优势、潜力以及主要困难、需要补齐的短板,让上级领导能全面准确了解你的工作和急需扶持的重要事项。如果上级领导对你的工作不了解、不感兴趣、不扶持，那么，你这个一把手就很难有大作为，你所负责的地区或单位的工作也就很难有大的发展。看过电视剧《亮剑》的人就知道李云龙团长是个要资源的高手，既懂得资源的重要性，又懂得要资源的方法，有好装备必去争取，有战利品必去分羹，有好人才必去挖掘。

2. 要善于向同级借力借势

向同级地区或单位借力借势，即"横向借力"，加强与兄弟单位的沟通协调，争取对你工作的理解和协助，因为有些工作不是一个地区或单位能独立完成的，需要跨地区跨部门联合作战。一把手须放低身段，以谦和的态度，与兄弟单位特别是其主要负责人建立起良好的人际关系。同级关系最难处理，人际交往是一门艺术，比如需对他人感兴趣，需接受他人的独特个性。美国著名演员罗吉斯说："我从未遇到我不喜欢的人。"维也纳著名心理学家亚佛·亚德勒也曾说："不对别人感兴趣的人，别人也不会对他感兴趣。"这些箴言，很值得一把手深思。

一个人或一个集体经过努力还是未能成功，当然有很多因素，但不懂得借力借势恐怕是重要原因之一。英国大英图书馆藏书非常之多，要从旧馆搬到新馆去，需几百万元搬运费，该馆显然没有那么多钱。有高人给馆长献上一计：在报纸上登载一则广告——从即日起，每个市民可免费借10本书。结果，许多市民踊跃借书，很快就把图书馆的书抢借一空。书借出去了，怎么还呢？请诸位还到新馆来。就这样借助大家的力量完成了图书馆的搬迁工作。再看《三国演义》中"草船借箭"的故事，诸葛亮利用大雾天气，在船上立满草人迷惑曹军，致使曹兵慌乱放箭，从而巧获十万支箭。在"借东风"的故事中，诸葛亮在七星神坛上"作法"造势，巧借东风（其实是他善观天象预测天气之结果），于是借助风力火烧赤壁，大败曹军，这就是"万事俱备只欠东风"典故的出处。以上这些故事，都体现了典型的借力借势思维。也正如古希腊力学之父阿基米德所说："给我一个支点，我就能撬动整个地球。"犹太经济学家威廉·立格逊说："一切都是可以靠借的，借资金、借人才、借技术、借智慧。"他告诉人们，这个世界上你所需要的许多东西都已经准备好了，就看你能否借到。你具备了借力借势的能力，就找到了走向成功的快车道。

善于做好"外交"工作，善于对外借力借势，避免成为孤家寡人，避免孤军作战甚至四面楚歌，这是高明的一把手所为。因此，要注重做好"外交"这项重要而不可代替的工作，它将长期产生良好的效应。

现实告诉人们，人脉不广是难以生存发展的，而人脉发达的人，其工作就会比较顺利、进步机会就多、发展之路就比较顺畅。朋友是人生最宝贵的财富之一，领导者要多交益友、结善缘，他们能帮助你、支持你；不交损友、结恶缘，他们会伤害你、危害你的事业。赢得友情的基本法则是：避免争论，承认错误，与人为善，懂得点赞；多具同理心，少本位至上；多当面说，少背后议；多帮助，少自私；以真话对人，以真心待人，以真情感人，以真面示人，以真诚感激人；容纳他人，承认他人。好人缘是成大事的众多因素之一，成功者往往总能与别人相处得比较好，因此能开启神奇的力量之门。司马懿是三国时期魏国著名的大将军，成功辅助了魏国三代君王，并在三国如此复杂的政局中笑到最后。究其原因，最重要的一条正如他自己所言：我一路走过来，没有敌人，只有师长和朋友。可见，司马懿多么会做人，多么重视建立良好的人脉关系。

（五）善于立德立功立言

《左传》中有人生"三不朽"的著名论断："太上有立德，其次有立功，其次有立言，虽久不废，此之谓不朽。"其意为人生苦短，要想有所建树并传于后代，有三种办法：最有价值的是能够修养完美的道德品行，其次是建立功勋伟业，最后则是确立独到的言论。此后，许多官员和仁人志士都以此为人生最高目标，孜孜追求。

古代有不少称得上"三不朽"的官员，比如南宋政治家、抗元名臣文天祥就是代表人物之一。1259年，蒙古进攻南宋，宦官董宗臣劝皇帝迁都逃跑，文天祥上书坚决反对。1274年，他招募豪杰志士组成了一支数万人的勤王军。1276年初常州危急，他派出部将率兵救援。随后，他主张全部勤王军与元兵决战，但当权宰相陈宜中一味对元兵屈膝投降。同年，文天祥以右丞相兼枢密使的身份与元军谈判，被元将伯颜扣押，趁机逃脱后，他受命再招募军队，并遣将收复数地，一时声势大振。此后，他又率众反攻江西，给元军以沉重打击。1278年，文天祥组织军民继续抗元，后因叛徒出卖被俘，写下了《过零丁洋》的著名诗篇，其中"人生自古谁无死，留取丹心照汗青"的千古诗句，激励了后世无数优秀儿女为民族大义舍生忘死。南宋灭亡之后，文天祥在狱中又写下了名垂千古的《正气歌》，表达了视死如归的浩然正气。

笔者认为，今天的各级主要领导干部更要"立德立功立言"，努力树立德业、建功立业、建言献策，为实现"两个一百年"的宏伟目标、实现中华民族的伟大复兴作出应有的贡献。

1. 善于立德

一把手的立德，就是要克己修身，砥砺品行，在道德修养上当楷模。习近平总书记在《之江新语》中指出:"做官先做人,做人先立德;德乃官之本,为政先修德。"他在河南考察时又强调党员干部要"努力以道德的力量赢得人心,赢得事业成就"。领袖的教诲,为领导干部立德指明了方向,提供了原则。人无德不立,官无德不为。儒家学派创始人孔子说:"为政以德,譬如北辰,居其所而众星共之。"王安石说:"修其心,治其身,而后可以为政于天下。"领导者只有加强自身道德修养,并实施"德治",实现"德润人心",才能赢得人心、赢得支持和拥戴,施政主张才能得以实施。德乃为人之本、从政之基,做人要讲道德,做官要讲官德,官德隆则民德昌、国家兴,官德毁则民德降、国家衰。纵观历史人物,凡是有所作为的官员,无一不注重道德修养,如岳飞精忠报国、戚继光"但愿海波平"的民族大义、包拯竭忠死义等,均是践行为官之本在于德的典范。

今天的领导者要在"立德"上下功夫,做到"见贤思齐焉,见不贤而内自省也"(孔子),"不受虚言、不听浮术、不采华名、不

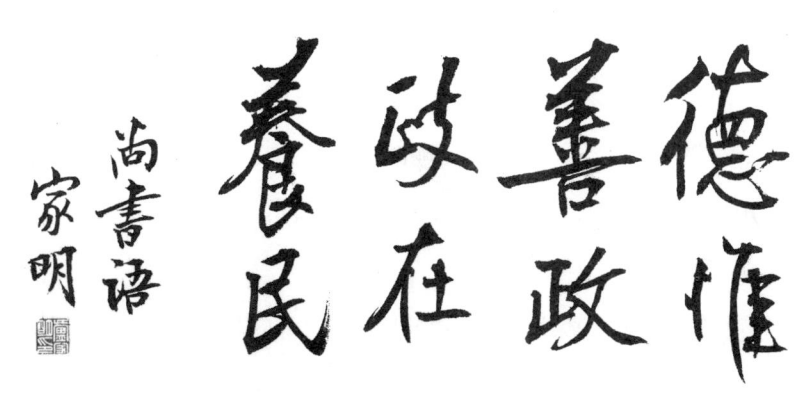

兴伪事"（东汉思想家荀悦），时刻重视以德修身、以德立威、以德服人、以德化人，清廉从政，干净干事，增强自身的凝聚力、感召力，从而带好班子，建强队伍，立党为公，执政为民。

2. 善于立功

一把手的立功，就是要增强能力，总揽全局，在干事创业上出实绩。楚国政治家屈原之"老冉冉其将至兮，恐修名之不立"，北宋文学家苏轼之"西北望，射天狼"，南宋将领辛弃疾之"了却君王天下事，赢得生前身后名"，皆道出了渴望建功立业、报效国家的强烈心声。习近平总书记曾说："为官之本，在于为官一场，造福一方。"

今天的领导要在"立功"上下功夫，要把本职岗位作为建功立业的舞台和奉献的平台，只要有利于科学发展、有利于民生改善、有利于社会和谐的事情，认准了就努力去做，并做到最好，追求卓越。当前，改革进入深水区，各种社会矛盾凸显，遇到的问题复杂而棘手，迫切需要领导干部加强学习，提高本领，增强解决复杂问题的综合能力，统揽全局，运筹帷幄之中，决胜千里之外；迫切需要领导干部直面现实，勇于承担急难险重的任务，主动作为，敢于担当，真抓实干，办实事，出实招，求实效，把雷厉风行与久久为功有机结合起来，切记成功源于实干、祸患始于空谈；迫切需要领导干部锐意改革创新，善于作为，坚持谋大局、打基础、利长远，避免急功近利、竭泽而渔，追求"面子工程""形象工程"。

3. 善于立言

一把手的立言，就是要有真知灼见，敢讲真话，在实事求是上做表率。立言于文人，则是著书立说，攻于学问；立言于领导者，则是言于心声，发时代之音。领导干部的言论不仅仅是表达个人思想，而更多的是传递党的声音、组织的意图，具有动员群众、指导实践的功效。"一言而可以兴邦""一言而丧邦"，《论语》中把言论上升至关乎国家生死存亡的高度，值得今人思考。

今天的领导者要在立言上下功夫，本着对人民对事业高度负责的精神，站在讲政治讲党性的高度，坚持说实话，实事求是，客观公正，不夸大不缩小，不避重就轻，不报喜藏忧；要把思想和部署统一到上级的决策上来，把步调和措施统一到上级的要求上来，找准基层下情和上情的最优结合点，适时提出真知灼见，善于建言献策；要注重调查研究，掌握第一手情况，做到言之有物、言之有据、言之有理，拒绝假大空，拒绝套话；要提高说话的艺术，做到能言、善言、因人而言、因事而言、因情而言，言之有味，还要注意慎言、不多言、不乱言，力求字字如珠、句句管用，充分体现领导干部言传身教的引领作用。

要真正能实现立言，领导者要勤于思考、善于思考问题，以提高立言的水平和质量。比如注重整体思考，防止分割思考；注重本质思考，防止表面思考；注重动态思考，防止静止思考。要注意提高宏观思维能力，做到高瞻远瞩、高屋建瓴。法国心理学家爱德华·德·波诺说："思考是永无止境的，不论自己的思考能力达到了什么高度，都要追求变得更好，因为一旦懈怠，思考能力将迅速下降。"

综上所述，可见一把手须全力做好五件事，即做到"五个善于"。如果把这五件事做出色了，你就是"举重若轻型"的一把手；如果不做或做不好，你就是"甩手掌柜型"的一把手；如果所做的事远远超过了这五件，你就是"劳劳碌碌型"的一把手。会做主要领导的人，不应该是做事最多的人，而应该是做事最精的人，即只做最重要的事。总而言之，一把手要精通领导艺术，善于运用领导科学的原理、原则、方法开展领导工作,在领导的方式方法上体现出创造性和有效性。这需要领导者的品格、作风、魅力、学识、智慧、胆略、经验、能力等综合因素的共同作用,才能达到艺术地实施领导的目的和目标。智慧型、情商型的领导应该是:思想深刻,感情丰富,心灵纯净;工作有声有色,生活有滋有味,做人有情有义。这也许是有的领导者往往能给人们留下良好的、美好的印象,而有的则相反的原因吧。

第三章
如何做一名称职的副职

◎ 增强助手意识
◎ 增强服务意识
◎ 增强管理能力
◎ 增强业务能力
◎ 增强适应能力

子张问政。子曰:"居之无倦,行之以忠。"

——《论语·颜渊第十二》

第三章
如何做一名称职的副职

一、副职的主要类型

在现实中，副职的类型较多，而比较典型和有代表性的有如下四种。

（一）依赖他人型

这一类型的副职缺乏事业心和责任感，奉行"当官要当副"的思想，脑子不装事、心里不想事，不犯事也不顶事；自己不太愿意干或干不好，主要依靠他人干，对上依靠一把手，对下依靠分管部门负责人，而自己处在中间逍遥自在，隔岸观火，见死也不救。这是无所作为的副职。

（二）好大喜功型

这一类型的副职愿意做一些事，想有所作为，但由于作风不够务实，工作不够踏实，浮在面上多，沉在面下少，乐于做一些表面的露脸的工作，做了一些事而生怕他人不知道，乐于抢镜头和风头，甚至贪天之功为己功；还喜于对人对事评头论足，打压别人，夸赞自己。这是不成熟和难负重任的副职。

（三）无德无才型

这一类型的副职人品、官品和才能皆不具备，对上对下皆搞不好团结，跟谁都难以合作共事；工作上无思路无办法，干不出成绩，对上对下均不负责；还爱惹是生非，说话不负责任，到哪里都不受欢迎。这是最差的副职。

(四) 到位而不越位型

这一类型的副职富有敬业爱业精神,工作上是一把好手,为人上是一名君子,口碑和人际关系好,威信较高;对分管工作做得很到位,对上向一把手负责、分忧补台,对下为分管部门着想、解难,善于换位思考,自觉维护一把手和领导集体的权威,尊重和团结同事,协作精神好,工作成绩显著。这是优秀和成功的副职。

以上四种类型的副职,很显然,我们所追求的应是第四种。

二、怎样当好副职

基于对前文领导及一把手的认识，笔者认为副职要侧重于当好管理者，努力成为"专才"。当好副职最核心的要求是明确定位，力争做到：到位而不越位，不喧宾夺主、先声夺人；以真诚真情做人，以忠诚忠实为官，以求实求精做事；提高对工作画圆满句号的能力，有及时"复命"的意识；不与上级争锋，不与同级争宠，不与下级争功。具体来说，须做到如下"五个增强"。

（一）增强助手意识

副职是一把手的参谋和助手，是管理者和执行者，因此首先要强化的是助手意识，避免出现越位的言与行。副职应有"有限权力"的意识，切记正职是"总导演"，自己是"副导演"。在工作中，不宜擅自代正职行令，不宜先斩后奏，更不宜斩而不奏；正职表态拍板的事，要尽力维护、设法落实；不能视分管的工作为"独立王国""势力范围"，针插不入，水泼不进；不能把责任田当作自留地，大棋盘下打小算盘。

1. 要谦虚谨慎

毛泽东同志曾说："谦虚使人进步，骄傲使人落后。"我国著名作家老舍说："真认识自己的人，就没法不谦虚，谦虚使人的心缩小，像一个小石卵，虽然小，而极结实。结实才能诚实。"小鸟之所以飞得很高，能遨游天空，是因为它把自己看得很轻。人只有把自己看轻，做到"无我"，才能认清自己的渺小和微不足道。孔子说"君子泰而不骄，小人骄而不泰"，古人亦有"谦谦君子"之说。

谦虚谨慎，虚怀若谷，低调圆融，闻过则喜，不越轨、不逾矩，

天无私覆也地无私载也日月无私烛也四时无私行也行其德而万物得遂长焉

吕氏春秋语

家明

这样的人能让人喜爱，也能成就人。谦逊是一个人成功的特质，谦逊的人犹如稻子，果实越丰硕，腰杆便弯得越低。谦虚不是把自己想得很糟糕，而是不叨念自己的优点——假如把自己想得很完美，就容易把别人想得很糟糕。做人要懂得"避让"，切忌莽撞，"径路窄处，留一步与人行"（明朝洪应明《菜根谭》），路退一步乃宽，礼让三分为功。为人处世不可妄自尊大，不可瞧不起别人，不可常把自己摆在高高的位置上，不可总想打败别人。在对待自己的职位安排上，要克服"大材小用""怀才不遇"的心理。要明白山外有山，人外有人，能人背后有更强的能人。千万不要认为自己比一把手聪明，无数事实证明，聪明反被聪明误，过于聪明容易自毁前程。有一句名言说得好："愚蠢者最聪明，聪明者最愚蠢。"不少智商颇高的人会做出各种各样的愚蠢之事，因为这种人往往恃才傲物、趾高气扬、争强好胜、不计后果，最后落得个孤立无助、一败涂地的下场。凡能成大事者，大多是处世谦虚圆通之人；容易失败抓不住机会的，一定是性情刚愎固执之人。谨慎不是胆小、保守、怕事，而是一种老成持重的智慧，谨慎对待每一件事，才能走得长远。要牢记"月盈则亏、水满则溢""谦受益、满招损"的道理。在《三国演义》中，主簿杨修并没有犯下大错，却被曹操所杀，就是因为他过于表露个人的聪明。杨修主持建造丞相府的大门时，曹操在门上题了一个"活"字，杨修马上揣摩出曹操的意思是门太阔了，于是下令拆除重建。有一次，杨修和曹操一同观赏曹娥碑图轴，见碑上有题作八字："黄绢幼妇；外孙齑臼"。杨修对曹操说这是"绝妙好辞"之意："黄绢"是有色丝品，即"绝"；"幼妇"乃少女，是个"妙"字；"外孙"乃女儿的子女，则是"好"字；而"齑臼"是用来盛辣调味品的器皿，就是个"辞"字。曹操听后惊叹杨修才智过人。但是如此一而再再而三，曹操觉得杨修的才华比他高，便有些嫉妒，于是萌生了除掉他的念头。后来在一次战役中，曹军陷入进退维谷的险境，以"鸡肋"为军中口令。杨修得知口令后，对手下说：鸡肋食之无肉、弃之可惜，魏王这是要撤军了，我们赶紧收拾行李吧！结果一传十，十传百，全军皆知。曹操得知后，认为杨修此举扰乱军心，便借机杀之。《三国演义》中杨修的不幸，可作为聪明反被聪明误的典型案例。

孔子说，君子应"敏于事而慎于言"；俗语说"言多必失""病从口入，祸从口出""静坐常思己过，闲谈莫论人非""独居守心，群居守口""万言万当，不如一默"；在看不清、吃不准的情形之下，切勿逞一时口舌之快。言谈的祸害有诸多表现，比如对国事政事滥发议论，对上司或同事评头品足，在众人之中鼓唇弄舌、搬弄是非，等等，都会埋下祸根和导火线。聪明一世、不失几分机智幽默的清朝重臣刘墉，也遭遇过因守口不密、说话不周而酿成祸患的重大挫折。有一次，乾隆皇帝谈及一位老臣去留的问题时说，如老臣要求告老还乡，其亦不忍心不答应。刘墉便把这话透露给了老臣，而老臣真的面圣请辞。乾隆十分恼怒，认为此乃刘墉觊觎补授大学士和"谋官"之明证，因而将其训斥一通，并将大学士一职改授他人。可见，从政者要始终保持清醒的头脑，有如履薄冰的忧患意识，居安思危，善始克终。

墨子说："慧者心辨而不繁说，多力而不伐功。"其意为：大智慧之人内心清楚却不多说，努力做事却不自夸。低调不是对世事的消极和畏缩，而是一种为人处世的谦逊品德。掌握了低调做人的方法，不仅可以减少自己对别人的无意伤害，也会在无意之中实现自己的理想。如果你做不到谦逊有加、虚心好学、每日三省、从高要求自我，只会误了自己，路子越走越窄，不能使自己上进，也就谈不上做好副职、当好一把手的助手了。

2. 要含蓄沉稳

含蓄沉稳是中国人的优良品性，应该发扬光大，因为含蓄沉稳、大智若愚、韬光养晦、行稳致远利于成事，有如宣纸上着墨不多的中国画，简洁中蕴藏着丰富的想象，黑色里孕育着五彩。露骨的宣泄、单纯的出击，只是一种外在力量的张扬和炫耀，而含蓄则更多是一种收敛和聪明的体现。

在大功重赏面前，或身居高位之后，要善于"藏巧"，切忌忘乎所以。《阴符经》中说："性有巧拙，可以伏藏。"它告诉人们，善于伏藏特别是善于藏巧是致胜的法宝。有才干本是大好事，是事业成功的必备条件，而才华潜藏不等于隐而不用，在恰当的场合显露才华很必要，但带刺的玫瑰容易伤人亦容易伤己，因此露才要适时适当，倘若时时处处才华毕现，容易招致嫉妒甚至打击，导致做人及事业上的失败。而且，人生需要储备，没有足够的积蓄，就不会有强大的爆发力。要做到"择高处立，寻平处住，向宽处行"（清朝左宗棠题于江苏无锡梅园），意思是看问题要高瞻远瞩，做人应低调，做事须留有余地。《庄子》中云："直木先伐，甘井先竭。"意即一般所用木材，多选择笔直的树木先砍之，水井亦是涌出甘甜者先干涸。洪应明曾说："盖世功劳，当不得一个矜字。"其意为，一个人即使立下了举世无双的汗马功劳，如果他恃功自傲，功劳很快就会消失殆尽。曾国藩也曾说："天下古今之才人，皆以一傲字致败。"才华和锋芒太露的人也许会受到提拔重用，但也极易受人排斥以致难以作为。

明朝开国皇帝朱元璋是个善于沉潜蓄势、掩藏锋芒、厚积薄发的人，这是他最后取得成功的法宝。元末农民起义战争风起云涌，几路农民领袖分别称王称帝，一时间，神州大地"帝""王"泛滥。此时只有朱元璋冷静沉着，他明白要想最终夺取天下必须蓄势待发才能腾起，于是他坚定地采纳了"缓称王"的建议。其根本目的在于最大限度地降低元朝对自己的关注程度，最大限度地避免过早与元军主力和强劲诸侯军队的决战，如此朱元璋就更有力地保存了实力、积聚了力量，从而求得稳步发展直至最终取得成功。当人们面临重重困难、出头之日遥不可及时，何不学学朱元璋？

俗话说："地低成海，人低成王。"《老子》中亦云："贵以贱为本，高以下为基。"意即为人要勇于"处下""居后"，方能成大器、成大事。《老子》中还说："洼则盈，敝则新。"人要学会把姿态放低一点，这样当你需要帮助的时候，别人才能够得着你；有安于下游的心态，才有力争上游的能力。如果你心浮调高、急功近利、投机取巧，做不到上善若水、从善如流、温良礼让，一把手就不会喜欢你，你的工作就不好开展，当好助手的要求也就达不到了；助手做不好，你就难以有更大的发展了。

3. 要心态平衡

心态平衡是一种良好的修为、至高的境界，也是一种人生处世的智慧，能做到心态平衡的人往往是不简单之人，也往往是能够成功的人。总的来说，要少一点功利，多一份淡泊；少一点焦虑，多一份淡定；少一点杂念，多一份纯净；少一点喧嚣，多一份宁静。

人生之所以多烦恼，往往是因遇事不愿让人一步，不愿放弃，常常不知足，甚至贪婪成性，结果把自己逼进死胡同。《道德经》云："知足不辱，知止不殆，可以长久。"意思是知道满足就不会受侮辱，知道适可而止就不会有危险，这样才可以有长久的平安。智慧之人大都知足常乐，知足为福，愿意退一步，善于舍弃，常常能安若止水，心平气静，不作非分之想，不好高骛远。得到一样东西需要智慧，而放弃一样东西则需要勇气。善于放弃，是一种高境界，是历尽跌宕起伏之后对世俗的一种藐视，是饱经人间沧桑之后对人生的一种感悟。我们要学习左宗棠"发上等愿，结中等缘，享下等福"的心态，意思是人要胸怀远大，但只求顺应人生的际遇，过普通人的生活。人们每天都生活在得与失里，有得就有失，因此要调整好得与失的心态，当得到时要好好珍惜，当失去时则要学会看破和放下。在现实生活中要学会舍得，有舍才有得，舍弃的同时也就是在获得，只要坚持不断地舍弃，就一定会有大的收获。中国远古五帝时期的神话人物、帝尧的射师、嫦娥的丈夫后羿，作为传说中的射日英雄，也有因患得患失而犯错的时候，可让今人引以为戒。夏王听闻神射手的事迹后，想一睹其风采，便把他召入宫内，让他演习一番。夏王给他定了个赏罚方式：若射中箭靶心则赏赐黄金万两，若不中则削减一千户的封地。因被利益所牵扯，后羿便产生了得失无常的慌乱心理，面色凝重，脚步沉重，双手发抖，几次都没有把箭射出去。过了好一会儿，他终于下决心松开了弦，可惜射在了离箭靶心足有几寸远之处，后羿的脸霎时白了。他再次弯弓搭箭，精神更加紧张了，结果射出的箭离靶心更远了……

"宽恕"是一种必不可少的品格，善于做人的人，总是以去除嫉妒的心理去宽恕别人，以欣赏的眼光去看待别人的成绩和进步。嫉妒别人是庸才所为，是无德无能的表现，把宝贵的时间用在嫉妒别人上，而自己却产生焦虑、消沉、敌意等不良情绪，委实是一种愚蠢的行为。生气不如争气，抱怨不如改变；与其抱怨环境，不如改变心境。历史上魏国军师庞涓是一个心胸狭窄阴暗、嫉贤妒能、不具有为将胸襟的典型代表人物，其惨死的下场是作茧自缚、罪有应得，其所作所为使魏国变得衰弱。孙膑与庞涓是师从鬼谷子的同窗，后来又同时辅佐魏王，庞涓发现孙膑的才华比自己高，担心他会妨碍自己的仕途，便妒由心生，设毒计把孙膑的膝盖骨残忍刮去致其残废，孙膑后来在齐国使者的帮助下投奔齐国，被齐威王任命为军师。随后，孙膑辅佐齐国大将田忌两次击败庞涓，取得了桂陵之战和马陵之战的大捷，庞涓拔剑自刎身亡。从此齐国奠定了霸业，而魏国元气大伤，失去了霸主的地位。

领导干部要树立正确的权力观、地位观和利益观，正确对待名利地位，正确对待职位的进退留转，耐得住寂寞，守得了清苦，淡泊处世，甘做嫁衣裳，甘当人梯，甘为铺路石。这是当好副职重要的心理素质。如果事事计较、时时计较，不懂取舍，你就无法全心全意地当好一把手的助手。

一个人的成功有诸多因素，要树立正确的成功观念，追求成功的过程往往比获得成功的结果更重要、更有价值。尽力了就问心无愧，这是一种难能可贵的成功的态度。因此，"成王败寇"的说法未免过于绝对化。每个人都要依据各自的长短，找准定位，确立合理的人生目标。著名心理学家海蒂·格兰特·霍尔沃森提出了两种目标模式：一种是表现型目标，它更注重结果的追求和实现；一种是进步型目标，认为只要自己比以前进步了，就算实现了目标。这两种目标模式各有利弊：前者可以充分激发人的斗志和潜能，但容易使人急功近利；后者可以让人保持一种平稳平衡的心态，但容易限制人的发展进步的速度和高度。从为官的角度来说，进步型目标是更为可取的。这是因为党政机构和企事业单位的组织架构是金字塔形的，能到达塔顶的毕竟是少数，所以对大多数人来说，只要树立了正确的成功观念,确立实事求是的人生目标,并为之不懈努力,就无愧于组织和个人。

有首流行歌曲的歌词写得颇有意思:"不管得与失,值得去庆祝,因为心中易满足。"如果你达不到淡泊名利、宁静致远的境界,你的从政之途、人生之路将难以走远走好,工作和生活都不会快乐幸福。在这个充满竞争的社会里,倘若对得失看得很重,最后总是把自己折磨得很失落和伤心,那就真正得不偿失。人最难控制的是欲望,最难消除的是私心杂念,如果能控制和消除它,你就会变得坦然。事实证明,总是心怀不满的人,往往难以找到一把合适的椅子。自然界的规律告诉人们,潜伏得越久的鸟,会飞得更高;鲜花开得越早,凋谢得就越快。所以,大器晚成并非坏事,怀才不遇之忧大可不必。

（二）增强服务意识

上一节"增强助手意识"提出作为副职要"内敛"，而"增强服务意识"则强调副职要"外拓"，要强化事业心和责任感，致力于做好服务工作。

服务意识是自觉主动做好服务工作的一种观念、愿望和行为习惯，它发自服务人员的内心。服务意识是人类文明进步的产物，是一种高尚的品行。服务意识强的人，常常会站在他人的立场上，以他人为中心，想他人之所想，急他人之所急，做他人之所需，必要时甚至不惜牺牲自己。"领导就是服务"，看一个领导是否具备这一意识，是区别现代型管理者与传统型管理者的重要标准之一。

1. 服务于一把手

面对一把手，副职要抱着"我是一个兵"的良好心态，以服从、服务、配合、维护为职责，做到出场不炫耀、做事不抢功，谋事不谋人、揽事不揽权。

首先要热爱和忠于自己的职业与工作。

戴尔·卡耐基说："敬业为立业之本，不敬业者终究一事无成。"副职的事业心要摆在首位，不能把自己所从事的工作仅仅视为谋生的手段，也不能把干好工作仅仅作为升迁的目的，而应把它作为神圣的事业来追求，要追求做大事，但不必追求做大官。只有当你热爱自己的工作时，才能生成一种强大的动力，推动你迈向卓越。拿破仑说："热忱能够鼓舞激励我们每个人。"美国西点军校总是这样教导学员："不管处境怎么糟糕，都要始终热爱自己的职业。"该校将军赛尔西奥总结成功的秘诀："热情的态度是做任何事的必要条件，任何学员只要具备了这个条件，就能获得成功。"以上这些思想都具有同一个指向,即只要热爱和忠于自己的职业,就能够成就一番事业,对今天的领导干部不无启发和教育。

读奥斯特洛夫斯基的名著《钢铁是怎样炼成的》,可得到启示,人的一生应当这样度过:当他回首往事时,不会因为碌碌无为、虚度年华而悔恨,也不会因为为人卑劣、生活庸俗而愧疚。"古今天下之庸人,皆以一惰字致败"(曾国藩),"官不勤则事废",勤于政务是德政之基、善政之要、执政之魂,勤政才能出思路出办法,才能出成绩出经验,才能战胜困难开拓前进。敬业勤政是当好副职、服务好一把手的基础和前提。

其次要有"舍我其谁"的责任意识。

美国西点军校精神的核心之一是负责任。负责任是人生最大的财富。副职要强化责任心,要具有"功成不必在我,但功成必定有我"的博大情怀,用心、用情、用力地做好分管工作。用心,就是认真对待工作,对工作一丝不苟,精雕细刻,精益求精;用情,就是对组织有感情,对服务对象有感情,带着感情去工作;用力,就是勤奋工作,刻苦努力,锲而不舍,勇往直前。要敬畏工作岗位,做到守岗有责,履职尽责,敢于担当;不浮于言语之中,要少说多做,以实际行动在本职岗位上建功立业。

在现实中,有的管理者怕出事不干事,怕麻烦不抓事,怕吃亏不揽事。有的不愿承担责任,不敢承认自己的错误,把责任推给下属,让自己全身而退。作为一名有责任感的领导,不仅要主动认领自己直接犯下的错误,而且要主动承担下属犯下的错误,因为下属犯错,在某种意义上来说,也许是你领导管理无方、教育培训不到位造成的。按照管理学原则来说,下属绝大部分的问题,大都是管理者的问题。戴尔·卡耐基在《人性的弱点》中说:"一个人迈向成

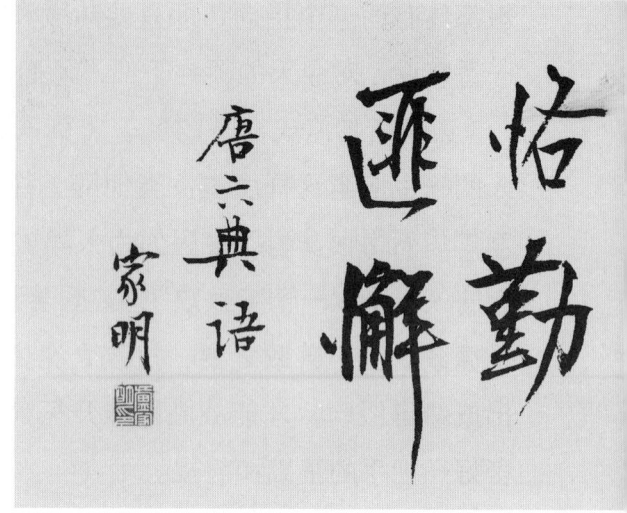

熟的第一步应该是敢于承担责任。"现代管理学之父彼得·德鲁克说:"当自己分管的部门出现问题时,管理者不应推卸责任,甚至指责和埋怨下属,而应当主动承担责任,从自身的管理中寻找原因。"《论语》亦云:"过则勿惮改。"敢于承认和改正错误的都是强者,内心强大的人才会从容地面对自己的错误,也能宽容地理解他人的错误。理解人是一种豁达,原谅人是一种美德,帮助人是一种崇高,服务人是一种快乐。有功劳时说"我们",有过错时说"我";问责要从领导开始,而奖励则要从下属开始,"与子为宽,自处当严"(清唐甄),这才是领导应有的境界和风范。这种强烈的责任意识,对当好副职、服务好一把手显得十分重要和必要。

最后是要加强"官德"修养。

习近平总书记在任浙江省委书记时就指出,领导干部"既要依法用权,又要以德用权,归根结底用权要讲官德"。要清廉从政,

> 德义
> 有闻
> 清慎
> 明著
> 公平
> 可称

当官发财为两道，甘蔗不能两头甜。《菜根谭》中说："德者事业之基，未有基不固而栋宇坚久者。"孔子说："其身正，不令而行；其身不正，虽令不从。"小胜靠力，中胜靠智，大胜靠德，领导者只有具备"清心为治本，直道是身谋"（北宋包拯）和"不患位之不尊，而患德之不崇"（东汉张衡）的境界，方能成大事。事实告诉我们，人品官德低下者，即使一时做出一些成绩，亦是昙花一现，不会长久。当官一阵子，做人一辈子，当官做人品德作底子。如果眼睛总是盯着位子，天天东张西望，最终会荒废主业，失去位子。一个人若靠拉扯、吹拍讨得上级的好感而谋求所谓的进步，别人会在背地里讥笑他、鄙夷他。要坚决避免成为心胸狭窄、爱闹不团结、爱搞阴谋、诋毁他人抬高自己、不择手段追名逐利的势利小人。《国语》中说"从善如登，从恶如崩"，意即学好难如登山，学坏易似山崩，值得今人警惕。

副职要切实加强对高洁品德的锤炼，做到识大体顾大局，多补台而不拆台，多分忧而不添乱，献策而不决策，超前而不抢前，出力而不出名，既不争功也不诿过，老老实实做人，真正成为有品有格之人；要强化职业操守，做到干一行热爱一行、钻研一行成就一行。要做贤臣能吏，不做奸臣酷吏。我国古代有不少著名的贤臣能吏，如商朝尹伊、西周周公、蜀汉诸葛亮等，他们辅佐的虽然都是弱君，但为了国家民族大义，他们勇于付出，成就社稷大业。当然也有不少奸臣酷吏，如东汉的梁翼和董卓、清朝的鳌拜等，他们结党营私、专权乱政，危害国家和民族。这些历史人物都值得今人借鉴和警惕。可见，不论什么时代，只有真正修养好了"官德"，才能当好副职，才能服务好一把手。

如果不能全心全意服务好一把手，不能为其分忧解难、承担好该承担的责任，这样的副职不可谓之为称职的副职。但是，服务好一把手并不意味着要卑躬屈膝、一味盲从。在与一把手的工作配合中，要在坚持党的民主集中制原则的大前提下，坚持党和人民的立场，而不是无条件、无原则地盲从和曲意迎合，以致做出有损党和人民群众利益的事情。

2. 服务于班子集体

领导班子是一个地区或单位的"火车头"，要想火车跑得既快又稳，除了一把手这个"司机"要把握好方向之外，坐在副驾驶室的副职也是不可或缺的，只有风雨同行，方可顺利抵达理想的彼岸。

首先要搞好团结。

副职作为班子的一员，要自觉维护班子集体的团结和统一，自觉维护班子的声誉和权威，做到不利于团结及声威的话不说，不利于团结及声威的事不做。团结是一个领导班子的生命所系、力量所在，珍视团结、维护团结、增进团结是每位班子成员的责任与义务。懂团结是大智慧，会团结是大本事，真团结是大境界。同心山成玉，同心土变金。在班子中，既要与一把手处理好关系，又要团结好其他班子成员，做到互相尊重、互相关心、互相爱护、互相帮助，形成你维护我、我维护你，你协助我、我协助你的良好气氛。要理解而不误解，交心而不多心，团结而不"结团"，同志而不"同伙"。要表里如一，绝不可当面"抹蜜糖"、背后"捅刀子"。不以小人之心度君子之腹，不要老死不相往来，也不要貌合神离，而要肝胆相照、以心换心、以情换情，共同营造团结向上、融洽和谐的良好氛围。要严格履行自己的工作职责，既不插手不属于自己分管的工作，也不要把自己分管的工作的棘手问题推给其他副职。当其他副职工作取得成绩时，自己应表示由衷的高兴，而不应有嫉妒心理；当其他副职工作出现失误时，自己应注意补台，不应说三道四、幸灾乐祸，不能你高我低"争面子"，鸡毛蒜皮"伤脑子"，一己之私"使绊子"。多琢磨事，少琢磨人；多向前看，少往后看。为官像坐跷跷板，人抬人高，补台都上台，拆台都垮台。在班子里，要自觉创造正能量，不搞内耗，避免出现"拳头不硬指头硬"的现象。《吕氏春秋》中云："万人操弓，共射其一招，招无不中。"它形象地说明了团结就是力量。

其次要有"一盘棋"的思想。

副职要有大局观念，所谓大局是指整个局面和整个形势以及由此带来的长远利益的走势。副职要正确认识大局，自觉服从大局，坚决维护大局，注重立足大局看问题，自觉把自己的分管工作放到大局中去思考、定位、部署和落实，即做到脑中有全局、心中有大局、手中有布局。大局观是衡量一个领导干部党性强不强的重要标志之一,要甘做一颗"螺丝钉",哪里有需要就拧到哪里,拧到哪里哪里就要发光发亮。要有"一盘棋"的思想,不能强调个人所需,而要服从组织所需,要正确处理好个人与集体、小局与大局、眼前与长远的关系,只有在全局之中找准坐标,方能顺势而为并有所作为。要聚焦主业,突出主责,细耕"责任田"。要有"分工不分家"的意识,在做好自己的分内事、耕耘好"一亩三分地"的基础上,加强与其他班子成员的互相协作。当别人有难处时,应尽力给予帮助,急人之所急,解人之所难,勠力同心,共同做好各项工作,推动整体事业不断向前发展。分工协作不仅仅是一种工作方法,更是一种品行操守、一种宽广胸襟。在班子里,要少说"我的""你的""他的",而要多说"我们的",这是一个人集体意识强的自然而然的体现。合作共事,相互扶持,主动伸手,天下皆是朋友。这是一个班子凝聚力、战斗力的重要基础。

如果你做不到认认真真服务于班子集体,在班子里,既处理不好与一把手的关系,又不能与其他班子成员和睦相处、愉快共事,那么你在这个集体里就是一个"独行侠",难以立足,难有建树,即使换一个单位,恐怕也是同样的结果。要想做一名称职的副职,也就成为空谈了。

3. 服务于基层单位

上级领导机关与基层单位是一个荣辱与共、不可分割的整体,往往一荣俱荣,一损俱损。

首先要有服务基层单位的意识。

作为一个地区或单位的副职,需具有服务基层单位的意识,主动支持、帮助基层的工作,把基层的情况掌握好、基层的诉求表达好、基层的合法利益争取好、基层的矛盾化解好、基层的事情办理好。对基层要多设"路标",不设"路障",要不是"主角"胜似"主角",多为基层着想,多为基层服务。在现实中,有的领导服务意识不强,对基层和服务对象在思想上仍存在本位主义,在处理"管理"与"服务"、"公仆"与"主人"的关系时没有摆正自己的位置,我们务必端正态度,改进作风。清朝经学家万斯大说:"利民之事,丝发必兴;厉民之事,毫末必去。"上级领导要真正维护好基层和群众的利益,做到亲民有真感情,爱民有真措施,利民有真成效。

其次要热情关心基层的干部。

要设法减轻基层负担,让基层干部放下包袱,轻装前进,更有效地做好工作。基层单位的工作往往是上面"千条线"、下面"一根针",工作千头万绪,任务繁杂,压力巨大,责任不小。在基层开展工作,要力戒形式主义。毛泽东同志曾说过"形式主义害死人"。邓小平同志在1992年南方谈话中曾说"现在有一个问题,就是形式主义多",并要求"抓一下这个问题"。形式主义的危害很多,会败坏思想作风、工作作风和党群政群关系,其实质是主观主义、功利主义,根源是政绩观错位、责任心缺失,以轰轰烈烈的形式代替扎扎实实的落实,用光鲜亮丽的外表掩盖矛盾和问题。作风正则人心齐,人心齐则事业兴。为此,要认真学习贯彻执行中央办公厅印发的《关于持续解决困扰基层的形式主义问题为决胜全面建成小康社会提供坚强作风保证的通知》精神,进一步把基层干部干事创业的手脚从形式主义的束缚中解脱出来,让干部有更多时间和精力抓工作落实,切实减少检查考核评比,减少迎来送往,减少汇报材料等费时费力、徒有形式的东西。有个现象是,机关压基层,层层加码,看似"码"到成功;基层哄机关,层层加水,结果"水"

到渠成。作为上级领导,要多换位考虑问题,多体谅基层,多关心帮助基层干部,少指责埋怨,指导他们学会释放压力,关注他们的身心健康和家庭生活。把下级的疾苦放在心上,下级就会把工作放在心上;平常不为下级撑腰,关键时刻就没人为你撑场。只有把工作做到基层干部的心坎上,才能上下同心同德拧成一股绳,心往一处想,劲往一处使,形成强大合力,共同完成工作任务。否则,就会上下离心离德、南辕北辙,不利于整体工作的推进。

最后要善待中层管理者。

中层管理者是一个单位中最宝贵的人力资源,他们既发挥着承上启下的作用,又是独当一面的中坚力量,工作责任能否落实、措施能否到位、问题能否解决,在很大程度上要靠中层管理者这个主力。倘若没有他们一起团结奋斗,这个层级的作用得不到充分发挥,就算你有最伟大的理想、最完美的计划、最强大的能耐,也是孤掌难鸣且难以有所建树的,这个单位将会处于半死不活的半瘫痪状态,更谈不上发展和追求卓越了。比尔·盖茨曾说:"大成功靠团队,小成功靠个人。"上级领导要在适当时候出现在适当的位置:当下属迷茫时,你在前面引路;当下属困难时,你在旁边帮助;当下属有功时,你在后面奖励。事实上,一个人工作的辛劳、身体的负累并非真正的疲惫,而精神上的紧张、压抑才是真正的疲惫,因此要避免使下属出现精神上的郁闷和不愉快。在日常管理工作中,要把中层干部当作伙伴而非只是下级,学会平等地与其沟通、交心,尊重、爱护、理解他们;对他们要实行人性化、亲情化管理,切勿尖酸刻薄、不留余地,要懂得"爱人者人恒爱之"、爱他人就是爱自己的道理;下属需要指点,但不需要指指点点。下属希望你走到他们的心里,但不希望你在他们的心里走来走去。要创造机会让他们参与工作决策，而非让他们只是被动地接受指令，要充分激发调动他们的主动性、创造性和奉献精神；重视和帮助他们个人成长和发展，健全人才培养机制，让他们有不断接受培训教育、提升能力素质的机会，为他们的进步上升提供平台、创造条件；既要"压担子"，也要"搭台子"，更要"架梯子"；要有意识地帮助他们树立威信，让他们能够更有效地组织和协调基层的工作。副职不要把自己当作"大官"，想要得心应手地做好分管工作，须懂得团结下级、培养下级、关心下级，汇聚众人之智，用好众人之力，形成共同战斗的强大合力，打造富有执行力的优秀团队；须懂得授权，授予与责任匹配的权力，充分信任下级在职责范围内用权处事，让其各司其职、各尽其责、各展其才，上下合力，共同完成工作任务；须懂得心理学上的"黄金法则"，即你想别人怎样对待你，你也要怎样对待别人。比尔·盖茨认为，"展望下个世纪，领袖会是那些帮助别人、让别人成长的人"。

如果你做不到全心全意服务于基层单位，不能为基层排忧解难，那么你就无法得到基层干部和群众的拥护和爱戴，你在上级机关的领导岗位上也难以做出应有的成绩，也就难以成为一名称职的副职。要懂得"辅车相依，唇亡齿寒""皮之不存，毛将焉附"(《左传》)的道理，要牢记"得道多助，失道寡助"(《孟子·公孙丑下》)和"政之所兴在顺民心，政之所废在逆民心"(《管子·牧民》)的古训。

（三）增强管理能力

副职要有效地做好服务工作，全面履行管理职责，必须增强管理能力，才能驾轻就熟，服务到位。在一定意义上说，管理能力比知识和技能更重要，它是一种通过他人完成整个团队工作的综合能力。把人管得激情四射，把事管得有条不紊，这就是真正的管理水平。这是做一名称职副职最重要的能力。

管理是个大概念，管理学是一门完整的学科，管理的内涵十分丰富。就管理的职能来说，主要有五大职能，即计划、组织、指挥、协调和控制；就管理的层次来说，主要有四个层次，即规范化管理、精细化管理、个性化管理、文化管理；就管理的任务来说，主要有五大任务：即人力资源管理、常规工作管理、特殊工作管理、时间效率管理、危机管理。在此，笔者对五大任务管理作简要分析：

一是加强对人力资源的管理。要把握好对人力资源的布局和分工是否科学合理、人岗是否匹配，是否实现了人尽其才、才尽其用，是否完全调动了人的积极性和创造性，是否做到了对人的关心和爱护。二是加强对常规工作的管理。要注重对工作规范化、标准化、制度化的建设和管理，有条不紊地推进各项常规工作，使之在预定的轨道上运行，并始终保持常态化。三是加强对特殊工作的管理。面对特殊工作要善于创新，敢于打破条条框框，可以不按常规套路行事，即体现一事一策，用特殊的手段和非常的措施破解疑难杂症。四是加强对时间效率的管理。要增强时间观念和效率意识，只有时间效率观念很强的管理者才是合格的管理者，没有"时不待我、只争朝夕"的紧迫感是做不好管理工作的。五是加强对危机的管理。要判断好管理者和下属是否具有危机意识，是否对各种可能发生的危机了如指掌，是否在危机发生前做好了充分的准备，是否能勇敢地面对危机，是否能冷静、果断、及时、妥善地解决危机。

考察一个人的管理能力，有一套完整的指标体系。但有一个很简易的方法，即到其办公室转一圈，看办公台是整洁有序还是杂乱无章，看书柜的书是排放得整齐划一还是东倒西歪。一个连自己的办公室都管理不好的人是难以做好管理工作的。

如何有效提高管理能力呢？具体要做好以下"七个提高"。

1. 提高人文素养

人文素养的提升与管理能力的增强密切相关，一个缺乏人文素养、人文精神的领导是做不好管理工作的。所谓人文素养，是指在先进的人文科学、人文氛围滋养熏陶之下建立起来的思想观念、价值取向、人格模式、道德境界、审美情趣、思维方式、学识才华等精神收获的总和，它涉及哲学、美学、历史、天文、地理、文学、艺术、法律、管理、心理、传媒、信息等学科领域的知识修养。因此，管理者要博览群书，广泛涉猎各方面的知识，优化知识结构，固本培元，增加才情，拓宽眼界视野，提升综合素质。

人文精神注重尊重人的价值，注重人的精神生活，其目标是追求善和美，其核心是以人为本，突出人文情怀。要想做好管理工作，须从自我管理开始。所谓自我管理，是指利用个人内在力量改变自身行为的策略，即通过对自己的目标、思想、心理和行为进行管理，自己管理自己、自己约束自己、自己激励自己、自己管理自己的事务。彼得·德鲁克说："你没有办法管理别人，除非你先做好自我管理。"个人是自己的职业生涯发展的第一责任人，只有把自己管理好了，才能有资格有能力管理好别人。能够自我管理的人，也是最容易成功的人，比如历史上的拿破仑、达·芬奇、莫扎特等，在一定程度上他们也是因为善于自我管理而成为伟大的成功者的。

　　管理者要自觉修身立德，陶冶情操，正己达人，率先垂范，道德高尚，情趣高雅，志存高远；要努力提高管理艺术水平，做到耳聪、目明、心智，以浩然之气和高尚的人格力量影响下属，以无言的号召力管理下属，不断提高充满人文精神的治理能力。管理者不能只依靠权力进行管理，而要用真诚和方法去管理，以平等、真心、坦诚对待下级，设身处地为下属着想，去感知下属的心，让大家真切感受到平等、感受到被尊重。国人的"官本位"意识可谓深入骨髓，但凡有点权力，如若把握不好，就会以权以势压人，不懂得尊重他人，务必要下决心克服这个劣根性。优秀的管理者不仅仅是一个秩序的维护者，更是一个发挥下属最大潜力的推动者，要给下级创造发挥最大能力的平台，充分发挥每个人的优势和强项，进而让团队充满能量，所向披靡。成功的管理者大都具有人本思想，当下属遇到困难和问题时，会尽可能地帮其解决，因为这些问题很可能是由工作条件、环境和同事之间的矛盾引起的，不必向他们强调"工作高于一切"。要多做给下属"雪中送炭"的事，常关心体贴下属，为其排忧解难，挖起荆棘并种下玫瑰，用自己的善意温暖下属的心，让其在不知不觉中产生感激之情。会主动为下级着想的管理者才能富有正面的影响力，才能成为下属的榜样，下属才能与你同心同向。一个团队就是一个大家庭，高明的管理者注重在团队里营造"家庭的温暖"，产生"鱼水之情"，培育下属的主人翁意识，激发下属的主动性，使之一心一意以实际行动为团队添砖加瓦做贡献。下级最反感什么样的管理者？莫过于只对工作负责，而无视人情冷暖、冷漠无情的管理者了。管理是一种"严肃的爱"，不要管"手脚"，而要管"人心"。戴尔·卡耐基在《人性的弱点》中说："如果你拥有某种权力，那不算什么；如果你拥有一颗富有同情的心，那你就会获得许多权力所无法获得的人心。"作为管理者，你可以让下属流汗，但不能让其流泪；用力十分，不抵用情一毫。

要逐步实现从科学管理、制度管理向文化管理的转变。现代管理学中强调运用理性、科学、制度的方式管理人和事，重视战略、计划、组织和流程等方面的管理，以达到提高效率的最终目的。但随着时代的发展、人类的不断进步，管理核心也将随之变化，逐渐形成一个由科学管理、制度管理向文化管理转变的全新过程。文化管理强调以对人的尊重为核心，重视感情和价值在管理中的运用，为管理对象提供宽松的发展空间和环境，激发大家的工作热情、创造热情、奉献热情，实现超越科学和制度管理的飞跃。文化管理赋予团队成员一种组织认同感，将成员整合起来，让他们互相紧密联系，互相信任和精诚合作，促使大家努力践行特定的文化价值观、道德价值观、精神价值观和行事方法，让众人将一系列成文的和不成文的规则铭记于心，从而无形地影响大家的行为，进而提高团队的凝聚力和战斗力，创造更辉煌的业绩。

2. 提高执行规章制度的自觉性

明朝名臣张居正说："天下之事，不难于立法，而难于法之必行。"不自觉执行制度的管理者，是无法做好管理工作的。

提高执行规章制度的自觉性，首先要秉承公平公正的原则。执行制度要摒弃好人主义和私心杂念，坚持一视同仁，不以时期、对象为转移，做到有章必循、违章必究；不照顾情面、不迁就客观；不掩盖问题、不回避矛盾；有令则行，有禁则止，真正让制度"硬"起来，切实提高执行规章制度的效能，达到管好人、管好事的目的。如果不坚决执行制度，制度只是写在纸上、贴在墙上、锁在抽屉里，那么它就会变为"纸老虎""稻草人"。其次,要努力营造好贯彻规章制度的氛围。通过一定的形式组织团队成员学习掌握好各项规章制度,加强对制度的宣传,确保人人皆知,人人明白理解,引导大家牢固树立法治意识、制度意识、纪律意识,形成尊崇制度、遵守制度、捍卫制度的良好气氛。此外,在执行制度中要注重方式方法。执行过程不宜过分繁琐,不宜过分囿于条款,对于特殊问题还要做特殊分析处理。处分惩罚只是手段而非目的,目的是教育干部,是为了避免再犯同样的错误,要让管理对象深刻懂得:我只允许自己犯一次错,绝对没有第二次。

纵观历史,凡是能成就大业之人,不论是治军还是治国,都是纪律严明、奖罚分明的,比如诸葛亮就是代表之一。他组织北伐时,马谡大意失街亭,诸葛亮便不讲情面,按军法斩杀马谡;而对在街亭之战中立有战功的大将王平则予以表彰,提升了他的职位;托孤重臣李严在北伐时,未按时将粮草提供给前线,反而为了逃避罪责在诸葛亮与刘禅之间两头说谎,诸葛亮了解到真相后,便毫不留情地将李严革职查办。诸葛亮正是通过执行严格的赏罚制度,论功行赏、论罪处罚,才得以整肃军纪、得以服众的。

3. 提高沟通协调的艺术

曾任通用电气集团CEO的杰克·韦尔奇说:"管理就是沟通、沟通、再沟通。"英国管理学家L.威尔德认为,管理者的最基本能力是有效沟通。沟通是指为了一个设计好的目标,把自己的信息、思想、感情在个人或者群体之间传递,从而达成共同协议的过程。沟通的核心和本质是,解决信息不对称的问题,并达成共识和共同目标。沟通的三大功能是:传递信息、交流感情、无形控制。沟通协调的主要目的是说服和影响他人,向他人传达组织意图,影响他们的行为，使之思想统一、方向同向、步调一致，减少摩擦争执和意见分歧，化解矛盾，减少人为阻力，从而使大家为实现愿景和目标而不懈努力。有研究表明，管理中有50%的问题是由沟通协调不足造成的，这50%的问题是需要沟通协调去解决的，管理者50%的时间应该用于沟通协调。沟通带来理解，理解带来合作，合作带来业绩。由此可见沟通协调工作之重要。

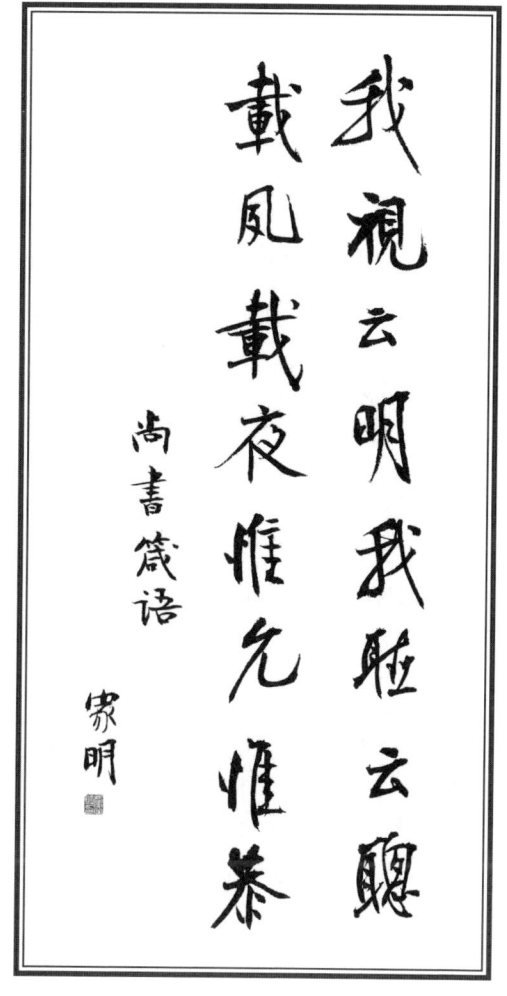

（1）**要畅通沟通协调的渠道**。沟通协调是信息交流的重要手段，是管理的生命线。可灵活运用公文传递、召开各种会议和个别谈话、集体谈话等正式的沟通协调渠道，也可运用其他所有信息交流和传达方式的非正式的沟通协调渠道，如使用电话、微信、电子邮件等。

（2）**要掌握沟通协调的方式和手段**。从组织角度来说，沟通有内部沟通协调、外部沟通协调、上行沟通协调、下行沟通协调、平行沟通协调等类别。上行沟通主要谈目标，讲策略，表决心；下行沟通主要谈方法，讲步骤，定激励；平行沟通主要谈双赢，讲合作，表诚意。从工作角度来说，沟通有目标沟通协调、措施沟通协调、时间沟通协调、人员沟通协调等类别。卓越的沟通协调能力是管理者必备的素质之一，可综合运用计划手段、行政手段、管理手段、教育手段、情感手段、激励手段等做好沟通协调工作。

（3）要讲究沟通协调的艺术性。有的管理者不够重视沟通协调的艺术，片面强调管理对象应无条件地服从，正所谓"理解的执行，不理解的也要执行"，这是不明智的行为做法。在实际工作中，与下属沟通协调至少应遵循五个原则：①平等原则。人可以高人一等，但不可高人一等；要按民主平等的原则处理好上下级的关系，不可居高临下，不可"摆谱"，而要放下架子，与下属交流谈话宜少说、多听、常点头，要面带微笑，善于倾听，让对方感受到你"有同感"；不要过分展现自己，不要喋喋不休。②尊重原则。要懂得心理学上的"尊重定律"：人人都渴望被人尊重，当对方感知到被尊重时，内心的安全感就会变强，在尊严上就得到了保障。在沟通协调过程中，管理者要先管理心情，再管理表情，再处理事情，懂得尊重下属，对下级切忌傲慢无礼、颐指气使、不可一世。③激励原则。对下级的优点、优势以及取得的成绩和进步要适时给予赞美，多一些鼓励，多一些表扬。钢铁大王安德鲁·卡耐基曾说："一个人不论多么伟大，地位多么崇高，在被赞许的情况下比在被批评的情况下工作成绩更佳、更卖力。"④关爱原则。要关心爱护下级，尽量少一些批评特别是严苛的训斥。戴尔·卡耐基说："只有愚蠢的人，才批评人、斥责人和抱怨人。"《黄帝内经·素问》中云："智者察同，愚者察异。"意即：聪明人能包容，求同存异实现双赢；愚蠢人则制造矛盾，导致失败。如确需对下级进行批评，也要讲究时机和场合，避免伤害其自尊心。"扬善于公庭，规过于私室"（曾国藩），是说在大庭广众下表扬别人的善行，在私下无人时劝诫别人的过错。俗话说："良言一句三冬暖，恶语伤人六月寒。"批评是一门直击心灵的艺术，用好了可以让管理者与下属心连心，而运用不好，则会使下属与管理者离德离心。批评不是宣泄、指责、抱怨对下级的不满甚至发泄私愤的机会，批评的方式要灵活多变，批评之中应有关爱。当你在气头上责骂了下属，过后一定要采取妥当的善后措施，以清除被骂者的怨气与委屈，并继续赢得他对你的尊敬和忠诚。还要懂得批评心理学的"三明治效应"，即把批评的内容夹在两个表扬之间，会使受批评者愉快地接受批评，并认真改正自己的不足。其实，适当沉默比批评责难更有威力，不要让四处都充满你的斥责声，在适当批评后营造一个沉默的空间，留给对方一个自省的机会，对当事人更具威慑力，既可体现你的宽大胸怀并保持上级应有的威严，又可使下级感受到被信任。⑤真诚助人原则。每个人都喜欢与真诚的人打交道交朋友，只要你被认为是诚实讲信用的人，那么彼此的关系就融洽了，沟通就顺畅了。同时要乐于帮助人，对别人的困难不要袖手旁观，而要设法助其解决。沟通是一座桥梁，帮人渡过一条河；交流是一把钥匙，帮人打开一把锁。

4. 提高有效执行力

所谓有效执行力，是指有效贯彻战略意图、完成预定目标任务的实操能力，包含完成任务的意愿、能力和程度，它是把战略和远近规划转变成效益成果的关键。三分战略，七分执行，规划战略再好也离不开执行，没有执行力，一切都将是零。三流的点子加一流的执行力，永远比一流的点子加三流的执行力更好。"天下之事，虑之贵详，行之贵力"（张居正），其意思是天下的事情，考虑时贵在周详，行动时贵在用力，即提高执行力。提高执行力需做到下列八个方面：

（1）**要及时坚决执行**。及时坚决执行，即要马上行动，立即执行，绝不拖延上级布置的每项工作任务。严格要求自己和下属，牢记使命，尽力而为，做到百分之百地执行，绝不打折扣。管理者的态度，决定着执行的高度。电视剧《亮剑》中有这样一段对话，团长李云龙找到政委赵刚商量，想找些会武功的战士组成一支特别小队，赵刚说："你尽快去办！"而李云龙却说："不用尽快，我马上就去！"在炮火纷飞的战场上如此，在和平的工作环境里也应该如此，要弘扬这种雷厉风行、不讲条件、不讲价钱的优良作风，提高有效执行力。

（2）**要科学合理委派任务**。管理者要选对执行的方向，选对执行的人员，并给予执行过程应有的资源保障和适当的授权。根据干部的特长分配工作，避免让不熟悉该项工作的人去执行，否则容易误事。同时须做到任务落实到具体人，责任落实到具体人，确保执行到位。管理者如果瞎指挥，下属就会瞎糊弄。交代任务时还要善于激发下属的想象力，激发他们的展现欲，激发他们干事创业的干劲，提升其自信心和竞争意识。麦当劳创始人雷·克罗克说："要推动工作，应该调动人的求胜欲望，而不能用恐吓或威胁的手段。"杰克·韦尔奇也曾说："有必赢的心态，执行力才是最强大的。"战国时代的《鬼谷子》中有云："勇士轻难，不可惧以患，可使据危。"意即勇士不怕危难，不能用祸害去恐吓他们，反而可以让其据守危地。拿破仑有"不想当将军的士兵，不是好士兵"的名言。水不激不扬，人不激不奋。因此，管理者要善于激励下属积极进取、追求卓越、立志成功。

（3）**要坚持求真务实**。管理者要在精准施策上出实招，在精准推进上下实功，在精准落实上见实效；不做急功近利的眼前文章，不做弄虚作假的掩盖文章，不做纸上谈兵的表面文章。清朝唐甄说："以实则治，以文则不治。"千忙万忙，不抓落实就是瞎忙；千条万条，不抓落实就是"白条"。有的管理者工作停留在表面，发个文开个会就等于工作已经开展了、任务已经完成了，以文件落实文件、以会议落实会议，行动在嘴上、落实在纸上，表决心时惊天动地、看成效时毛毛细雨，这是很不利于提高执行力的行为。有一副很有趣但很讽刺的对联，上联是"你开会我开会大家都开会"，下联是"你发文我发文大家都发文"，横批是"谁来落实"。管理者要力戒"会瘾""发文瘾"，不要动不动就开会、发文，认为工作就是开会、发文，甚至沦落到"不开会发文那干啥呢"的可笑境地。有些管理者为了免于被追责，开会、讲话、发文、检查、立台账等流程一应俱全，但是对主要矛盾和关键问题能避则避、能拖则拖、能压则压，乐于做"二传手"，不想做"扣球手"，工作执行在"击鼓传花"中大打折扣。很多人不明白时间是一项管理成本，其实最大的成本浪费就是没完没了地开会。

（4）要学会"过程半自由"的管理方法。有的管理者"只要结果不要过程"，工作不深不细，急于求成，此乃官僚主义的作风，往往导致下属为了完成任务交差应付而弄虚作假、欺上瞒下、搞虚假政绩，这也是极不利于提高执行力的行为。大凡有为的管理者都追求管理的完美结果，这是正确的，但对管理过程的把握却能看出一个管理者水平的高低。一般水平的管理者容易走极端，要么固化、管死管理过程，结果是扼杀了下级的主观能动性，致使工作效率不高；要么完全放开过程，放任自流，结果导致失控，造成"尾大不掉"的局面。而高明的管理者则能在这两者之间选取最佳的平衡点，即实行"过程半自由"策略,它是最科学有效的管理方法,其优点是能让下级对流程有一定的自由选择权,能让下级体会到上级对自己的信任和尊重,有利于激发下级的主动性和创造力,进而使他们投入更多时间和精力,认真负责地对待工作,心情愉快地完成任务;同时,管理者也有机会督查、发现和纠正偏差,查漏补缺,提高工作质量。这种"过程半自由"之法的妙处是,可以实现开端漂亮,过程精彩,结果完美,皆大欢喜。成功的管理者善于将复杂的事情简单做,简单的事情认真做,认真的事情重复做,重复的事情创造性做。

(5)要注重营造构建执行力的文化氛围。管理者要适时提炼出有利于提高执行力的核心精神,形成简洁、精辟、好记和富有激励、鼓舞性的句式,并能得到同事们的认同和追求。要培养先进的公利思想,公利心与私利心是一对相反的概念,作为一名管理者,只有具有先进的公利思想,能以公利心作为衡量执行行为的标准,才能考虑和平衡好各方权益,才能得到更多的拥护和支持,从而大大提升执行力。管理者要做好表率,俗话说"群雁无首难成行,羊群走路看头羊",要求下属以怎样的态度对待工作,管理者就要以怎样的态度对待自己的工作,一个行动胜过一打纲领,说一千道一万不如实际干一干,喊破嗓子不如做出样子。领导带头就是鲜明的旗帜,上级垂范就是无声的命令;领导的自律,带动下属的自觉。

(6)要注重执行细节。细节决定成败,1%的错误往往会导致100%的失败。道家学派创始人老子曾说:"天下难事,必作于易;天下大事,必作于细。"法家学派代表人物韩非子也说:"慎易以避难,敬细以远大。"每项工作在执行过程中都会有一些需要注意的细节,要把握好处理好,以细心谋事,以恒心成事,于细微之处见精神，在细节之间显水平。大凡成功的管理者都会重视处理好小事，因为处理不好，会成为做大事的障碍。要做到出手必出色，完成必完美，体现出一种"山到绝顶我为峰"的卓越追求。在现实中有些管理者往往不注重工作细节，粗枝大叶，挂一漏十，结果留下不少缺陷和遗憾，务必吸取这个教训。但是，关注细节并不等于过分拘泥于小节，也不必过于在意下属的一点小过失。

（7）要多用"建议"的方式下达指令。有的领导认为"军令如山"，喜欢以命令的方式发号施令，呼来喝去指挥下属，觉得这样办事和执行效率才高。其实不然，因为人是有感情有尊严的高级动物，下属不仅是被领导和被管理者，更重要的还是领导在事业上的合作伙伴。所以宜以建议、商量的口吻下达指令，让下属无压力地、心情愉快地、心甘情愿地接受任务，方能达到最佳的效果，方能把执行工作做得更好。要懂得心理学上的"蓝斯登定律"：给员工快乐的工作环境，能够产生强大的凝聚力和执行力。毛泽东同志曾批评过"自以为是"的现象："自以为是，老子天下第一，'钦差大臣'满天飞，这就是我们队伍中若干同志的作风。"因此，管理者万万不可唯我独尊、目空一切。

（8）要有恒心和持久力。执行最大的问题之一是虎头蛇尾，甚至半途而废，所以富有恒心和持久力是实现有效执行的优良品质。在执行过程中，阻力和困难是常见的，挫折也是难免的。世界上许多事情成功与否往往在于能否坚持到最后一刻，正所谓"行百里者半九十"，输在最后一"哆嗦"，功亏一篑。可见，只有咬定目标不放松，持之以恒，坚持到底，才能获得良好的执行效果。因此，在工作的执行过程中，要脚踏实地做到件件有落实、事事有回音。"耐心和恒心总会得到报酬的"（爱因斯坦）。

5. 提高解决复杂问题的本领

做好管理工作，要强化问题导向、目标导向和效果导向。发现问题要"望、闻、问、切"，注重调查研究，注重对全局性、关键性问题的动态把握，善于发现各种存在的问题。剖析问题要深挖"病灶"，善于透过现象看本质，从复杂问题中把握事物的规律性，从苗头问题中发现事物的倾向性，从偶然问题中揭示事物的必然性。解决问题要"辨证施治"，多运用求解性思维，有的放矢，找到解决问题的金钥匙，一副药方不能包治百病，需逐个把脉，对症下药，系统解决复杂问题，标本兼治，防止就事论事、零敲碎打，避免头痛医头、脚痛医脚。

敢于打破常规是解决复杂问题的重要思维，许多人习惯于模仿，不敢或不愿创新，主要是因为他们脑子中的得失、是非、安全、冒险等价值判断的标准已经固化，致使顾虑重重，畏首畏尾，没有勇气越"雷池"，结果是无法解决工作中的复杂问题。原克莱斯勒汽车公司CEO鲍勃·伊顿说："领导是能将一群人带到他们自认为去不了的地方的人。"在遇到复杂问题时，可实施头脑风暴，它是激发团队成员创造力的好办法。管理者让大家畅所欲言，说出自己的新奇创意，对任何异想天开的创意都不予以批评和否定，然后在众多的创意中找到解决问题、推动工作和改革的最佳创意。也可以将其中有价值的不同创意组合在一起，形成新的创意，使创意更加丰富多彩。形成思维枷锁的一个重要原因是"从众枷锁"，即顺从众人，随大流；而创新思维则是头脑灵变，善于寻找自己与众不同的套路。所谓"柳暗花明又一村"，只要我们不被自己头脑中长期形成的思维模式束缚住，勇于跳出来，就会有创意出现，就能创造奇迹。

管理者根本的能力之一是解决复杂问题的能力，发现不了问题是最大的问题，发现了问题而解决不了是素质问题，反复出现问题说明是管理存在问题。所以，管理者应天天琢磨问题、解决问题，做到面对矛盾有定力、解决问题有魄力、抗击压力有承受力。

管理者要重视提升自己团队的实力，培养一批善于解决问题的人，而不是自己去解决所有问题；智慧的管理者，不一定自己能力很强，只要懂信任、懂放权、懂激励，就能带出比自己更强的人，从而增强自己的力量；同时要让下属拥有梦想，体会到工作乐趣；最后还要懂得与下属分享工作成果。

6. 提高掌控时间和效率的能力

领导每天都要处理很多工作事项，时间显得很宝贵。对所有管理者来说，时间是一个限制因素，职位越高，可以自由支配的时间就越少，这并不是管理者做的事情更多了，而是创新变革对管理者的时间需求越来越多。

要想让管理有效，就必须懂得怎样管理好自己的时间。在现实中，其实存在大量浪费时间的行为与活动，如果能把它们找出来，并将它们从时间列表里去除掉，我们就可以成为时间的主人。因此，要增强时间观念，牢记"今天再晚也是早，明天再早也是晚"的古训，今天的事要今天了，一日无二晨，时间不重临。比尔·盖茨曾说："观念加时间才是真正的财富。"彼得·德鲁克说过："管理好自己的时间，你一定可以成为卓有成效的管理者。"一个成功的管理者，首先是一个管理时间的好手。做每一件事，既要把握开始的时间，更要严控结束的时间。不会利用时间的人，最会抱怨时间不够。具体来说，要把控好"四个时间"：

（1）把控好会议时间。少开会，组织会议要有前瞻性，提前计划、提前预判，把定期或例牌会议、可预见的近期会议、关键节点工作会议等统筹起来，做好前瞻性的相应准备，通过并会、减会、简会等手段，提高会议效率和质量；开短会，严格控制每场会议的时间（原则上会议时长在40分钟至1个小时之内为宜），聚焦会议主题和焦点，坚持讲短话、挤废话、讲有用的话、讲精辟的话。

（2）把控好调研时间。调研目的要很明确，要带着问题去调研，有针对性地开展调查研究；调研时间安排要很紧凑，直接调研现场，面见当事人，不在会议室听长篇大论的汇报；调研的陪同人员要很精简，轻车简从，简化接待，不搞层层陪同；调研问题的解决要很及时，能解决的要马上解决，避免意见问题收集一大堆而问题未解决一个。

（3）把控好办公时间。集中用好每天的工作时间，并注意创造高效时间区，用20%的工作时间带来80%的工作效益；排出办公的优先顺序，科学合理分配时间，重要的紧急的工作优先安排充足的时间做好。

（4）把控好谈话时间。日常与干部工作谈话一般以5~10分钟为宜；把握好谈话方向，围绕主题不"偏航"；把握好谈话内容，明确谈话重点和关键，避免官话套话连篇；把握好谈话技巧，掌握好谈话的切入点、契合点以及要实现的落脚点；把握好谈话实效，强化谈话结果把控，一切毫无实效的谈话均属"闲谈"，不利于工作。

只要把控好了以上"四个时间"，并合理运用，就能确保工作效率的提升，这是管理者重要的管理能力之一。

7. 提高危机处理水平

任何组织都会遭遇危机，这是无法回避的问题，因此管理者要提高危机处理的能力。防范危机考验组织的预警机制，处理危机考验组织的凝聚力和管理者的应变能力，而能抓住危机中的机遇则考验组织的综合能力。提高危机处理水平具体要做到如下四个方面。

（1）要懂得制定危机处理预案。当代管理革命已经公认，有作为的组织现在已不仅仅强调"有反应能力"，更加强调"超前管理"。凡事预则立，不预则废，不能打无准备之仗。要预先设计好有可能出现的若干突发事件，制定出有针对性的、可行的处理预案，亦即应急计划。

（2）要掌握危机处理的基本原则。比如寻求和平方式解决危机的原则、行为上克制并为对方着想的原则、在非原则和非重要问题上妥协的原则、保持沟通顺畅和不断接触的原则、分散和分解危机的原则、积极强制干预的原则、依法依规处理的原则、把事实真相公之于众的原则等，要依据不同的情况，灵活把握运用。

（3）要从容果敢应对危机。俗话说"兵来将挡，水来土掩"，危机当头，管理者必须正视而不惧怕，第一时间冲在最前面，要喊"跟我冲"，而不是喊"给我冲"，做到行动迅速、镇定应对、当机立断、果敢处置，稳定人心和局面，不让危机扩大、升级和蔓延，"当断不断，反受其乱"，不可优柔寡断；重视做好新闻媒体危机公关工作，面对媒体，慎说"无可奉告"，不论组织有无过错，都要及时与媒体沟通，及时公布危机事件真相，防止被炒作。需要提醒注意的是，有些管理者危机一来立刻惊慌失措，前怕狼后怕虎，退避三舍，成了逃兵，未战先败，这是要不得的行为，须知害怕危机比危机本身更可怕，因此管理者面对危机时须有胆识、须有高度负责的精神。

（4）要积极防范危机。哈佛大学教授理查德·帕斯卡尔说："21世纪，没有危机感是最大的危机。"要懂得管理学中的"破窗理论"，它给所有组织的启示是：管理者要高度警觉那些轻微的、看起来不起眼的小危机，若不及时修补好"第一块被打破的窗户玻璃"，就有可能引发严重的无法挽回的后果。俗话说"千里之堤，溃于蚁穴"，孟子说"生于忧患，死于安乐"。管理者要唤起自己和下属的危机感，未雨绸缪，防患于未然，勿临渴而掘井。面对四伏的危机、莫测的环境，越早采取相应措施和行动，越有机会转危为安。同时要加强信息情报工作，及时掌握社会动态，注意发现危机苗头，力求获得倾向性、苗头性、热点性以及预警性、超前性、深层次的情报信息，把可能引发的危机消灭在萌芽状态，把握工作主动性。

危机处理最能体现一个人的能力和胆识。一个成功的管理者，其智慧和才能，正是在应对危机的过程中逐步提高的。危机虽不是什么好东西，但其实也是可以利用的，因为危机处理通常是驱动组织变革的最大动力之一，只要处理得当，就会演变为一个组织发展进步的机遇，这就是所谓危机中的"机"。

（四）增强业务能力

副职增强管理能力的基础是增强业务能力，这也是做一名称职的副职的基本能力。笔者认为其业务能力应比一把手和部门负责人更高更强，更熟悉和更精通工作业务，成为行家里手，成为各项工作的"活字典"，成为能说、能写、能干的"三能干部"，做业务的强者和权威。只有这样，才能更好地为一把手服务和分忧，才能更精准地指导所分管部门的工作，也不会被"忽悠"以致延误工作。需要提醒一些人，既不学习也不思考，既罔于自己也殆于工作。人生在世要明白：不存在不需要学习也很聪明、不需要努力也很成功的人；如果存在，那个人也绝对不是你。试想，假如你对所分管的业务工作不学习，一知半解，不熟悉不精通，如何能服众、如何能管好下属、如何能推动工作？只能当"南郭先生"滥竽充数，只能是"以其昏昏，使人昭昭"。

如何有效增强业务能力呢？具体要实现如下"六个提高"。

1. 提高科学素养

增强管理能力要着重提升人文素养，而增强业务能力则要着重提升科学素养。所谓科学素养，是指了解必要的科学知识，具备科学精神和科学价值观，并用科学的态度和科学的方法去判断、处理各种复杂问题以及参与公共事务的能力。它综合表现为学习科学的欲望、尊重科学的态度、探索科学的行为和创新科学的成效。

国务院办公厅于2016年2月印发了《全民科学素质行动计划纲要实施方案（2016—2020年）》，对"十三五"期间我国公民科学素质实现跨越提升做出总体部署，要求到2020年公民具备科学素质的比例由2015年的6.20%提升到10%以上。具备科学素养是当代人在社会生活中参与科学活动的基本条件，而领导干部科学素养的高低则是关系能否深入贯彻落实创新驱动发展战略、能否全面建成小康社会、社会进步发展与否的关键因素。日常大多数业务工作都是政策法规性比较强的工作，都是比较严谨和程式化的，要做好它，需掌握一定的科学基础知识和技能，需具有科学意识和科学精神。要提升科学素养，需增强学习能力。学习能力是所有能力的元能力，是关于能力的能力。一个人的学习能力，决定了他能够到达什么样的人生高度，决定他能成为一个什么样的人。在实际工作中，管理者要自觉学习科学，尊重科学，弘扬科学精神，多听专家的意见，讲求科学方法，遵循发展规律，不犯极"左"的错误，不盲目冒进；要创新发展理念，转变发展方式，运用科学理论指导实践，激发大众创业创新的热情和潜力，破解工作中的难题，不断增强创新驱动发展的自觉性、能动性，从而全面提高推动科学发展的能力。

一个缺乏科学素养的管理者，是提高不了业务水平、做不好业务工作的，是无法推动改革和发展的。

2. 提高按政策法规办事的水平

一个人不论天资有多聪颖，一旦离开了学习，都将江郎才尽，一事无成。刀不磨生锈，人不学落后。要给人一碗水，自己首先要有一桶水。因此，在层出不穷的政策法规面前，不能两眼一抹黑，不能靠吃老本，而要不断学习，不断充实自己，不断提升自己，方能立于不败之地。

《荀子》中说："学者非必为仕，而仕者必如学。"《论语》中说："工欲善其事，必先利其器。"俗语说："磨刀不误砍柴工。"所以，管理者不要误认为学习会浪费时间、耽误事，而要舍得花时间和精力认真学习。善学者智，善学者强。学习应把握"三度"：有深度——学理论要深，学业务要精，学政策要透；有厚度——学会用历史的、发展的眼光看待问题和分析问题；有宽度——广泛涉猎，拓宽知识面。要下功夫学好党和国家的大政方针，学好有关工作的政策法规和制度，学好具体的业务知识和技能，加快知识更新，提高政策业务水平，使专业素养、业务素质跟上时代的节拍，避免少知而迷、不知而盲、无知而乱。各种知识就像一盒牛奶，有保质期，因此应不断更新补充，不能让知识的新鲜度过了保质期，成了废品，要不停地接受新知识、新技能。要重视涵养专业精神，用专业精神去思考、分析、研究和解决问题，成为精通业务的"政策通"，熟悉情况的"路路通"，一专多能的"多面手"，在工作中体现时代性、把握规律性，努力践行新发展理念，推动创新实践。在此基础上，要严格按政策法规和制度办事，不可自己弄一套，搞"上有政策、下有对策"。有的管理者对上级政策法规理解和把握不到位，存在乱解释、乱执行的现象。有的则选择性执行，有利的、有人情的、有好处的，不管能办不能办都照办；无利的、没有人情的、没好处的，该办的事久拖不办；可能得罪人的事不解释不说明，不做深入细致的说服教育工作，直接推给上级领导，甚至还在背后出馊主意，博取人情。以上种种行为都是不允许的，都是必须杜绝的。

一个政策业务水平不高的管理者是不称职的管理者，也不可能有威信，迟早会站不住脚，会被时代所淘汰。

3. 提高调查研究能力

调查研究是马克思主义认识论的基本观点，是我们党的优良传统和基本工作方法之一，是我们党实事求是的思想路线在实际工作中的具体运用和体现，是我们党的"传家宝"。各级领导干部要不断提高运用调查研究谋划工作、狠抓落实、解决实际问题的能力，练好、用好调查研究这个"看家本领"。毛泽东同志说:"没有调查就没有发言权。"没有发言权,也就意味着没有参政权、决策权,甚至没有办事权。西汉经学家刘向说:"耳闻之不如目见之,目见之不如足践之,足践之不如手辨之。"可用它比喻深入基层、深入实际、深入群众搞好调查研究掌握第一手情况的重要性和必要性。脚上有泥,心中才能有情,胸中才能有策。

从技巧层面来说,提高调查研究能力要做到"四个学会":一是要学会设计调研方案。包括设计好调研目标、调研内容、调研地域、调研时间、调研对象、调研人员以及调研经费等内容。二是学会运用调研方法。能熟练掌握观察调研、访谈调研、座谈调研、抽样调研、问卷调研等方法,并灵活运用。三是学会整理调研资料。通过调查获得的大量文字和数据、图片资料,需要分类整理和鉴别。资料整理要坚持真实性、准确性、完整性、统一性和简明性原则。四是学会撰写调研报告。调研资料整理完毕后,随即形成调研报告。调研报告要体现真实性、针对性、典型性、系统性等四个特点。概而括之,制定调研方案要"上心",筹备调研工作要"用心",开展调查工作要"专心",研究调查素材要"精心",论证调研报告要"细心"。

调查研究,一是调查,二是研究,调查是研究的基础,研究是调查的延伸和升华。调查研究的过程,其实就是领导干部提高认识能力、判断分析能力和执行能力的过程。调查研究能力是一个管理者必备的重要能力之一,是一项必备的基本功,是做好业务工作的重要抓手,如果没有这个能力,将直接制约业务水平的提高。只有高度重视搞好调查研究,才能更好地察实情,求真知,出良策,促工作,推改革。

在实际工作中,有的领导干部不重视也不善于搞好调查研究。

有的强调工作忙，甚少下基层调研；有的满足于看看材料、听听汇报，坐在办公室想当然；有的自认为熟悉本地区本部门的情况，不愿意深入实际，凭老经验办事，拍脑袋决策；有的调研走过场，走马观花，浮光掠影，浅尝辄止。以上种种现象，都是很不利于科学决策的，也不利于贯彻执行党的方针政策，必须坚决克服。

4. 提高汇报工作的技巧

汇报工作是一门学问，也是一门艺术，能汇报好工作，是一个人能力水平、工作经验和人生阅历的体现。汇报工作，应过好下面"四关"：

（1）**过好内容关**。汇报工作要有实实在在的内容，这是基础，也是根本。要聚焦主题，做到有的放矢，言之有物，让人看得见、摸得着，避免空泛和虚假。要注意汇报内容是否有遗漏，是否解决了上级组织需要了解和推动解决的主要问题。俗话说"巧妇难为无米之炊"，没有具体工作的实践，没有内容的"选材备料"，汇报工作只能是"空中楼阁""水中月、镜中花"，成为"无源之水、无本之木"，给人很"虚"的感觉。从技巧上来说，要善于运用前后工作数据的对比有理有据地阐述，用典型实例和生动事实去佐证，做到量化、具体化，让汇报讲起来有血有肉、听起来有滋有味，从而达到给人"有料"的效果。

（2）**过好重点关**。汇报工作要突出重点、突出亮点、突出特色，工作有新思路、新办法、新成果，做到"人无我有、人有我优、人优我特、人特我新"，让人耳目一新，眼前一亮，避免千篇一律、千人一面。只有这样，才能在有限的时间和空间内达到良好的汇报效果，给人留下深刻的印象。因此，汇报工作必须详略得当，抓住重中之重，而不能洋洋洒洒、面面俱到、泛泛而谈，否则就会陷入

"无主"境地。

（3）过好逻辑关。汇报工作要符合逻辑关系，做到层次分明、条理清晰，不能东拉西扯、漫无边际、杂乱无章。没有逻辑关系的内容不能生硬地拼凑在一起，要注意内在的联系。比如，在一次城市品质提升工作会议上，笔者是这样汇报的："明确了一个工作思路，打了几场硬仗，实现了两大变化"，这就基本达到了逻辑严密、层层推进、有条不紊的要求。汇报中应注意陈述的方式，例如宜用倒叙的方式开门见山地汇报工作的成果和结论，再汇报具体的过程和做法，这样可以让汇报过程逻辑清晰、准确高效。同时，在汇报结束时可以简明扼要地谈谈下一步的工作计划和措施以及意见和建议，推动工作向前发展。这才算是一次完整高效的工作汇报。

（4）过好语言关。汇报工作，语言的组织和表达很重要，总的要求是精准、精炼。具体要做到：书面语与口头语相结合，除了要有书面规范语言外，还要有俗语、百姓语、时尚语，使汇报工作的语言变得鲜活、生动、接地气，以达到雅俗共赏、悦耳动听、引人入胜的效果，避免废话连篇、语言沉闷、了无生趣；善于归纳、提炼出鲜明的观点，提纲挈领，画龙点睛，体现出工作的独特性、新颖性、经验性，让人容易记住和印象深刻。

掌握汇报工作的技巧，既是工作的需要，也是个人形象的需要，因为一个汇报不好工作的人，算不上是一位称职的管理者。

5. 提高做好群众工作的本领

群众路线是我党根本的工作路线，群众工作是我党全部工作的最基础工作，善于做好群众工作是我党的宝贵经验和优良传统。做好新时代群众工作是我们做好一切工作的源头活水，是我们干事创业的灵丹妙药，是我们一往无前的不竭力量。

领导干部要坚持在思想上尊重群众、感情上贴近群众、工作上依靠群众，从群众中吸取智慧和力量，广开言路，广集民智，广纳良策。要认真研究新时代群众工作的特点和规律，创新群众工作的体制机制和方式方法。要把坚持依法办事与坚持实事求是、坚持以情动人的"法、理、情"有机结合起来，切实做到以法育人、以理服人、以情感人，争取最佳平衡点，赢得最大公约数。要多用倾听去关注、多用热心去交流、多用行动去表达、多用真情去服务、多用道理去说服、多用能力去展示、多用民意去化解、多用典型去引领，把群众工作做到家做到位。要不断提高发动、动员、宣传、组织群众的能力，增强群众主体意识，发挥群众主体作用。要掌握群众关系学、群众心理学，采取民主协商法、群众自治法等，充分调动群众自我教育、自我管理、自我服务的积极性和主动性，从而实现群众自治。要提高思辨能力、幽默才能、表达技巧，善于把哲趣、理趣、情趣、妙趣等融为一体，鲜活生动地运用，用艺术的力量感染群众，以艺术的方式做好这门富有艺术的工作。

在实际工作中，有的领导干部不重视也不善于做群众工作。有的人态度不端正，把"不听话"的老百姓视为"刁民"，将人民内部矛盾错误地看成"敌我矛盾"；有的人群众工作意识淡薄，存在多一事不如少一事的心态，忘却了"我是谁、为了谁"；有的人对群众感情淡化，对群众缺乏诚心、热心、关心，交通条件在改善而与群众的距离却远了，信息技术在进步而与群众的沟通却少了；有的人文化素质在提高，做群众工作的能力却减弱了，不掌握群众工作艺术，方法简单生硬，不懂得如何与群众交流、交心、交朋友，不懂得如何团结群众、宣传群众、发动群众，不懂得如何领导群众、化解群众矛盾、发挥群众作用。凡此种种，皆极不利于我党密切联系群众的优良传统和作风的发扬光大，极不利于改革、发展和稳定。

6. 提高总结工作成果和经验的能力

优秀的工作经验总结具有三个特性：第一，时代性，即能总结出新时代新要求的经验做法；第二，原创性，即能立足实际总结出具有本地特色的经验做法；第三，实践性，即能总结出具有推广价值和实践意义的经验做法。

具有一定的总结工作成果和经验的能力是每位管理者必备的业务素质。要善于把在工作中取得的成果上升到经验和理论的层面，形成富有科学性和指导性、可推广的真经。总结工作成果和经验的目的在于充分肯定大家的工作成绩，在于及时鼓舞士气以利再战，在于更好地指导推动工作，在于不断提高工作水平和工作质量。

总结工作经验一般有"四步曲"：一是收集材料。收集每项工作中从接到任务—思考对策—研究措施—具体实施—全面完成这一完整过程的相关材料，掌握与事物相关联的一切情况，了解事物发展的全过程以及各个方面。这是总结工作、提炼经验的基础性环节。二是归纳整理。在第一个环节的基础上，把大量繁杂、零散的材料捋顺摆正，分好类，排好队，并去伪存真、去虚存实、去粗取精，把最有用、最能反映成绩、经验和缺陷的东西保留记录下来。三是总结提炼。在第二个环节的基础上，进行进一步的分析综合，分析是综合的基础，没有分析就不存在综合；综合是分析的归宿，没有综合，分析就失去意义。即把有用的素材集中起来做深入思考，寻找事物内在联系，探求其本质和规律，既要找出事物的共同性，又要找出其特殊性，还要从偶然性中找到必然性，透过现象看本质，将客观的、感性的具体事物总结提炼成理性的、有指导借鉴意义的鲜明的观点、举措、成效和经验。四是修改完善。这是最后一个环节,主要是找找别人在同个领域或同类工作上的成功经验或失败教训的材料,认真比对一番,把自己没掌握、没领会的有用的东西吸收进来,让自己的总结观点更鲜明、论据更充分、论证更严密、结果更有说服力。

要想总结好工作,需要有较高的思想水平、理论水平和文字功底,是一项重脑力活。要注重观察、乐于思考、勇于探索、敢于实践、善于提炼,确保所总结的工作成果和经验可信、可学、可用,这非下苦功夫不可。

不少领导往往不重视也不善于总结工作成果和经验,其结果是工作做了不少,但反映不出来,埋头拉车不看路,以致方向不明、目标不清、越干越迷惘;其结果还影响团队的自信心和竞争向上的意识,影响队伍的士气和斗志,最终使单位的整体工作水平和质量无法提高。

（五）增强适应能力

因为一把手有很多不同的类型，个性和风格迥异，所以要想当好副职，需增强自己的适应能力。适者生存的法则不仅适用于自然界，在人类社会更是如此：适者才能生存，适者才能发展，适者才能成功。个性极端的人，即使很有天分，也不一定适合当领导。一个成功的领导者能够很快适应各种人和各种环境，在新人、新环境中如鱼得水。

古代官员中不乏适应能力很强的人，比如清朝重臣曾国藩就是一位典型代表，值得今人学习。他十分注重磨炼自己成大事的优良性格，恪守做人的准则，苦练做事的恒心，去除功名的负累。他是一位善思善为、灵活变通、以变应变的高手，善于在绝路处求生路、在逆境中谋顺境，善于在稳中求胜，既善于出击又巧于自保，越过人生无数的险阻，成就了一生宏伟事业，受到世人的尊崇。他曾说："从古帝王将相，无人不由自立自强做出。"

1. 怎样适应"劳劳碌碌型"的一把手

这类一把手大都是工作狂，白天黑夜连轴干，每天行色匆匆，身心皆疲惫，但往往做了很多无用功，效果不好，而且大都缺乏幽默感，刻板固执。

面对这样的一把手，作为左臂右膀的副手要勤快一点，要有专注、专心、专一的工作态度和精准、精致、精心的工作意识；尽力跟上他的步伐，不可"偷懒"，因为他不喜欢懒散之人、不加班加点之人。

你在勤奋的基础上，在日常工作中，可有意识地帮助他加强工作的计划性、系统性和预见性，使各项工作有条不紊，避免无序混乱。巧妙地帮助他学会"弹钢琴"的工作艺术，弹好重音和主旋律，突出重点，避免平均用力。讲究艺术地提醒他"大权独揽小权分散"，相信下属，大胆放权，让下属放开手脚干。注意方式地提醒他用好人、培养好人，充分调动大家的积极性和主动性，整合力量搞"大合唱"，避免成为光杆司令、一个人单打独斗。有礼貌地请求他科学合理地安排时间，在提高工作效率上下功夫，避免打"消耗战"。善意地规劝他正确处理好工作与休息的关系，让他明白休息并不代表懒散，休息是为了更好地工作，只有精力充沛了，才会有冷静的判断、科学的决策和正确的处事能力。

总之，向这类一把手提建议要十分讲究方式方法，不可过于直接和生硬，比如还可多用侧面点拨法、幽默提醒法、柔性化刚法等，精准把握提建议的火候和时机，目的是追求正面的良好效果。这类虽非成功的一把手，但其敬业、执着的精神还是值得学习的，并非一无是处。戴尔·卡耐基在《人性的弱点》中说，"凡我所遇到的人，都有胜过我的地方，在这方面，我应该向他们学习"，我们要有这样的胸怀。

如果在这类"劳劳碌碌型"的一把手面前，你不勤奋工作，不认真完成工作任务，又不能有效地当好他的参谋，那么你就会被边缘化，你的作用就难以得到发挥，也就干不出好的业绩，当一个好副职的想法也就落空了。要警惕经济学中的"懒马效应"，即如果让上司觉得你可有可无，那么你被踢开、被当作"懒马"宰杀掉的日子就要来临了。

2. 怎样适应"甩手掌柜型"的一把手

这类一把手往往比较懒惰、比较平庸，举止慢条斯理，若无其事，优哉游哉，还很忌讳别人拿能人与他做比较。

面对这样的一把手，你不应轻视，而应鼎力相助。不要过分埋怨，而要确定合理的期望值，期望值不要超过他能达到的限度，因

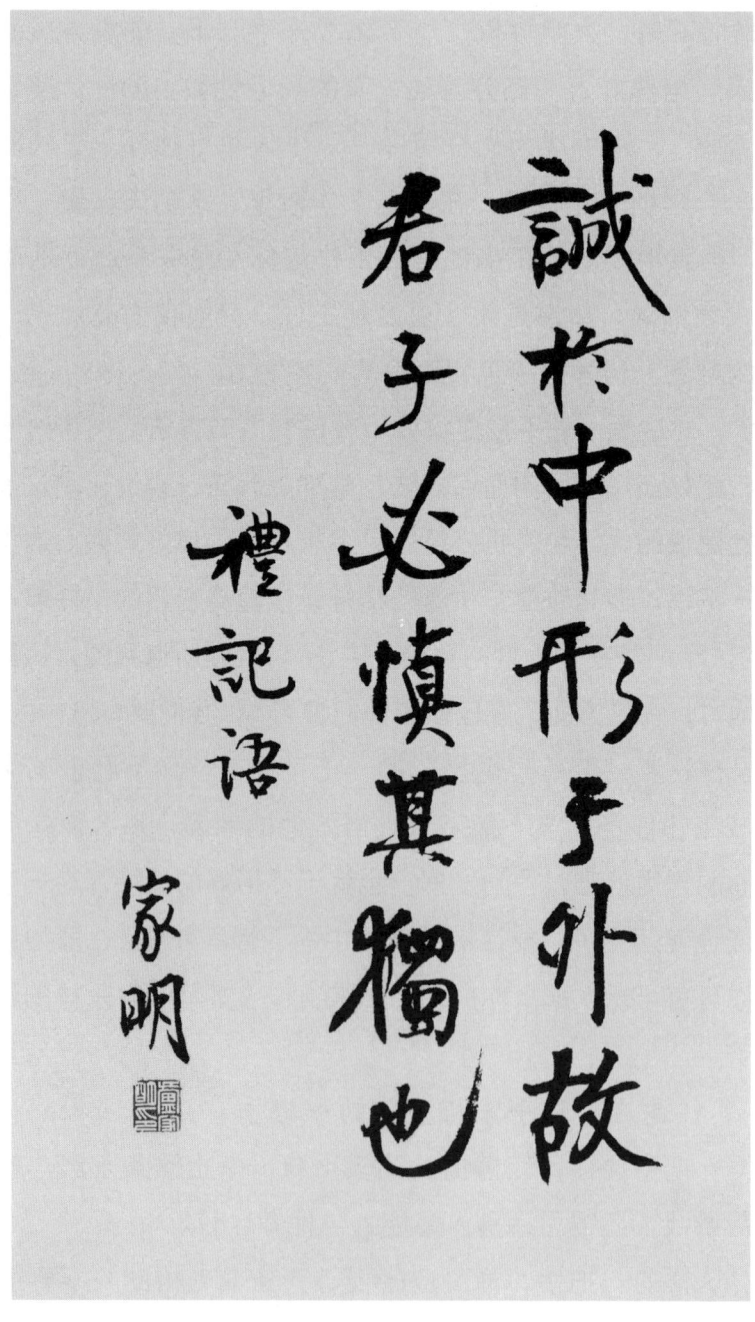

为希望越大失望越大。要多为他分担工作，做到竭心尽力、任劳任怨，以弥补其不足，因为这类一把手一般能力有限，决策水平不高，拿不出好主意，干不出好成绩，易受下属影响，因此忠诚地为其承担工作并努力抓好落实是一个副职的上上之策。自己多干点工作、多承担点责任、身体累点不会吃亏，多为一把手和集体的事业与前途着想、多做贡献，就算吃点亏也很值得，这正好体现了你的高姿态、高境界和无私奉献精神，可喜可赞。不要在应该奋斗的年纪选择安逸，要做到苦累面前多思得、工作当中多思责，因为不吃苦中苦，难得甜上甜。你能吃别人不能吃的苦、做别人不能做的事，就有机会获得别人不能获得的成就，未来的你会感谢今天努力的你。要有"但行好事，莫问前程"的淡定，要懂得"欲先取之，必先予之"的处世哲学，即想从别人那里得到东西，必须先给他想要的。《菜根谭》中有"世事亏乃福，人情淡始长"之云，告诉人们，先吃点亏，今后就会有福报。在工作中，需要摒除非分之想，于平凡之中见境界；需要树立崇高志向，于勤奋之中见行动；需要立足岗位实际，于担当之中见忠诚。此外，你在他面前要慎重谈论评价前任上司，不论是说长处、短处，还是正面、负面，因为这是一个比较敏感和尴尬的问题，对待前任的是非功过，新任上司的心态是比较矛盾和复杂的，既不想听到过多的"赞"，也不想听到过多的"弹"。当然，如果上司主动要求你谈，也不必把它当作禁区避而不谈，可多做客观描述，少做主观评论，不要轻易在新旧上司之间做比较，用语尽量周详圆润些，多用中性词语，少用感情色彩过于浓厚的语言，总之既要圆满回答上司的提问，又要避免伤其自信、自尊和权威。

俗话说"强将手下无弱兵"，但有时"弱将手下也可以出强兵",也可以有所作为、施展才能和抱负。比如诸葛亮与阿斗刘禅的关系,刘禅是典型的庸君,全凭一代英才诸葛亮出谋定计。诸葛亮的才华之所以能发挥得如此淋漓尽致,与他所处的宽松环境与遇到两位能力平平的君主有关。试想,如果诸葛亮做了曹操的手下,他可能就不一定能成为一代杰出人物了。

在这类"甩手掌柜型"的一把手面前,你既不能同样做"甩手掌柜",工作不上心不出力,又不能事事、时时显露出有取代他的言与行,而要处处维护他的地位、树立他的权威、肯定他的作用,避免他对你产生不满的情绪,要提升站位"去迷茫"、找准定位"去浮躁"、立足本位"去懈怠"。要摆正自己的位置,因为不论多大的领导,都会在意下属对他尊重的程度。戴尔·卡耐基在《人性的弱点》中说:"对他人好不是一种责任,它是一种享受,因为它能增进你的健康和快乐。"要谨记,不要小看平庸的一把手,他之所以能够坐上这个位置,担任这个职务,必然有其过人之处和理由,故要善待之,这是聪明的副职应该做到的。

在现实中,有不少人勤勤恳恳地努力着,有着炙热的激情、宏伟的目标志向,但后来却被残酷的现实渐渐磨去了棱角,以致忘了最初的梦想,慢慢地变得碌碌无为。而有一些人工作伊始就认定自己平凡无奇,也没有做什么高官的奢望,只是默默地脚踏实地地做好本职工作,几十年如一日,最终也能笑傲人生。这些人就像平凡的竹子一样,头几年默默无闻,埋头苦长,根扎足了,入地够深了,一夜春雨,迎来了蓬勃发展。人们应该学习后者,持之以恒,终会有所作为。爱因斯坦说过,"一个人的价值,应当看他贡献了什么,而不应当看他取得什么""不要努力成为一个成功者,要努力成为一个有价值的人"。每颗珍珠原本都是一粒沙子,但并非每一粒沙子都能成为一颗珍珠，你要想出类拔萃，变得有价值，就必须把自己从一粒沙子变成一颗珍珠。

3. 怎样适应"胸怀格局缺失型"的一把手

这类一把手往往小气多疑，处处提防他人，爱琢磨人，嫉贤妒能，小题大做，不信任下级，与下属感情一般。

面对这样的一把手，你做事要小心谨慎，凡事都要多掂量，多从他的角度去考虑问题，考虑你的做法是否会引起他的不放心。要多请示汇报工作，把你所做的工作包括存在的问题让他知晓，不让上司感到他对你和你的团体失去了控制，这是最能使一把手放心而不至于产生过多疑虑的重要方法。在《三国演义》"曹操煮酒论英雄"这一故事情节中，刘备那"方圆并用"的处世之道表现得体，值得称赞，可资今人借鉴。东汉末年刘备落难投靠曹操，一日曹操约刘备进府饮酒，谈起谁为世间英雄，当曹操说"天下英雄唯使君与我"时，刘备吓得把筷子丢落在地，恰好此时大雨将至，雷声响起。曹操问刘备为何把筷子弄掉了，刘备捡起筷子说："一雷之威，乃至于此。"曹操说："雷乃天地击搏之声，何为惊怕？"刘备说："吾自幼害怕雷声，一听见雷声只恨无处躲藏。"从此之后，曹操认为刘备无胆识，胸无大志，必不能成大业，也就未把他放在心上。刘备因此避开了曹操的猜忌，躲过了一场劫难，化险为夷。

当你的工作意见与一把手产生分歧时，要多听他的意见，多检讨自己的观点，即使他的意见是错误的，你也要讲究方式方法地做出耐心的解释说明，做到"得理且饶人"，体现真诚的态度，切忌鲁莽，以免伤害他的自尊心。其实，许多事情的是非对错，往往只是因为每个人看问题的立场和角度不同，因此知理而不争是一种豁达和智慧，正所谓"君子和而不同，小人同而不和"（《论语·子路》)。再说,有时候主要领导的意见从某个层面某个角度来看虽然是错误的,但其初衷和出发点也许是好的,也许仍有可用之处,所以要慎重对待,不宜全盘否定之。

　　当碰到一把手对你不公正时,你要表现出大度的胸怀,心胸大一点,世界就会更宽广,比如正确对待他的评价不公、不一视同仁、独占功绩、推卸过失等,不必斤斤计较,不必大吵大闹,要始终保持理解、尊重他的姿态,这是最检验你修养境界的关键时刻。面对一切不公,要有世界对我越不公平我就越努力的坚强意志,要有屈到愤极受得起、困到绝望行得通的修炼,与其战胜别人一百次,不如战胜自己一次。古人云:"自古雄才多磨难,从来纨绔少伟男。"没有礁石,就没有美丽的浪花;没有挫折,就没有壮丽的人生。不经风雨的树苗长不成参天大树,不经磨难的人难成栋梁之材。宋朝

著名理学家程颐说:"忍所不能忍,容所不能容,惟识量过人者能之。"智者懂得以柔克刚,退一步路更宽,退让之道的妙处在于把自己置于安全区域,不因急进而失手,这是一种自控策略。老子说"曲则全,柱则直",苏轼说"临大事而不乱""临利害之际而不失故常",要多学习古人遇事时这种镇定自若、从容不迫、应对自如的态度和胆识。

要正确对待一把手的批评甚至训斥,要学会忍让,表现出诚恳的态度,虚心接受批评,体现出对他的尊重。面对批评切忌当面顶撞、反复争辩、一味弄清是非曲直,也不要不服气和牢骚满腹,这样反而会使人感到你心胸狭窄,经不起挫折或误解。面对批评,还要思考从批评中确实接受了什么、学到了什么,切忌把一把手的批评当"耳边风",置若罔闻,我行我素,这比当面顶撞效果更差,因为让人觉得你眼里没有一把手。戴尔·卡耐基曾说:"人的天性之一,就是不会接受别人的批评,总是认为自己是对的,喜欢找各种各样的借口为自己辩解""如果你被批评,请记住,那是因为批评你会给他一种重要感,也说明你是有成就、引人注意的,很多人凭借指责比自己更有成就的人得到满足感"。你要克服以上这两种人性的弱点,并要有苦到舌根吃得消、烦到心乱耐得住的忍受力。"忍耐和坚持虽然是痛苦的,但却能渐渐地为你带来好处"(古罗马诗人奥维德)。要坚信自己:越锤炼越品质纯正,越击打越光彩夺目!

如果上司爱挑剔你,甚至是"鸡蛋里挑骨头",你也要坦然对待,正视自己的问题,反思自己的工作是否做细、做实、做出色了,是否存在马虎应付、"练精学懒"的现象,有则改之,无则加勉,从容的忽略胜过愤慨的回击。"最爱挑剔的人、最激烈的批评者,往往会在一个怀有忍耐、同情的静听者前软化下来"（戴尔·卡耐基《人性的弱点》），你要懂得这个道理，并要有急到眉燃定得住、怒到发指笑得出的修为。要学会"让一步"，忌"争一步"，如用争斗的方法是得不到好的结果的，而用让步的方法收获则会比预期多得多，这是一个基本的规律，要悟透。"卓越的人的一大优点是：在不利和艰难的遭遇里百折不挠"（贝多芬）。人要像石灰一样，别人越泼冷水你越沸腾。当你把自己变得足够优秀时，那些困扰你的问题自然而然就解决了。

你在实际工作中表现出的才干要有"度"有"方"，要有分寸地发挥，侧重发挥自己的专长，避免与一把手的特长相冲突，以致刺痛他。要学会"隐蔽聪明"，即不让人看到你的聪明，从而确保"安身"，而"安身"的目的是可以专心谋事并干成事。隐而不发不是不发，而是伺机而发。古人云"木秀于林风必摧之"，所以要注意"防风"。西汉开国皇帝刘邦的谋臣张良大智若愚、弃智绝俗，善于隐藏自己的智慧，避免了君王的猜疑，保全了自己。一次，群臣因刘邦要废掉太子刘盈之事找张良商议，他呆坐半晌后只轻声说："我对太子素来敬重，只恨我人微言轻，不能帮太子进言了。"随后刘邦的皇后吕后派吕泽去强求张良，在软硬兼施之下，张良无奈给他出了主意，让吕后请出"商山四皓"辅佐太子。刘邦一直尊崇这四个人，见他们出山相助太子，自知太子羽翼已丰，不得不打消了废太子的念头。吕后派人向张良道谢，张良却说："这都是皇后的高见，与我何干？请转奏皇后，此事千万不要再提起了。"刘邦死后，吕后专权，张良不过问世事政事，有大臣求见他也闭门谢客。吕后见他专心研究道家的养生之法，便不以他为患，而且还对他愈发尊重。

你所取得的成绩，要多归功于一把手和集体，绝不可以功臣自居，不可居功自傲，邀功请赏，有了成绩和贡献不要生怕别人不知道。老子曾反复强调：正因为不与人争，所以天下没有人能与他相争；少取反而获得，多取反而迷惑。人不能掉入"紫格尼克效应"的泥沼（著名心理学家布鲁玛·紫格尼克提出的理论），意即人沉不住气、急于求成的完成欲，会造成不满足、遗憾、焦虑的心理。唐朝政治家、军事家郭子仪的一生做到了不矜成就、不争功劳，正如儒家中所说的"用之则行，舍之则藏"，坚持厚积薄发，其智慧值得现代人学习。唐代宗在位时，天下大乱，郭子仪奉命击退了吐蕃和回纥军队，立下赫赫战功，名震八方。然而皇帝担心他功高震主，便命其归野。郭子仪接到圣旨后二话不说，坦然离去。当国家有难时，一接到旨意，他又不顾一切立即到位。如此往复，郭子仪屡罢屡起，四代君主都离不开他。郭子仪深知自己功劳越大，猜忌和危险就越多，每次唐代宗给他加官晋爵时，他都恳辞再三，实在推辞不得，方勉强受之。所以，郭子仪身居高位却一生平安。俗话说"大丈夫能屈能伸"，一个悟透屈伸之道的人，自能进退得宜。屈是伸的准备和积蓄，伸是屈的志向和目标。屈是手段，是充实自己；伸是目的，是展示自己。屈是圆通，是处世的技巧；伸是圆满，是成功的人生乐章。

与这类"胸怀格局缺失型"的一把手搭档，最能考验副职的涵养和智慧，你既要充满正能量，又要保持低调，为人处世处处小心谨慎，不可越雷池半步，不可犯错和失误，否则你很容易"靠边站"，对自己的工作和成长不利，也就当不好副职。要致力修身养性，养善性，存善心，行善事。春秋时代的典籍《亢仓子》中说"君子检身，常若有过"，西汉《尚书》中也说"与人不求备，检身若不及"。从政者要多学习古人谦诚和自省的态度与精神。有些事情看似是一种不幸，但可能在中间暗藏机会，事实并没有幸运与不幸运，这些都取决于你的应对方法。此外，还要学会"忍耐"。三国时，刘备的最大特点就是能忍耐，他先后投靠卢植、吕布、曹操、袁绍、刘表等人，可谓到处寄人篱下，忍辱负重，唯其如此，才成就其逐鹿中原之霸主的一生。人生如山，有巅峰也有低谷；事业如河，有细流也有旋涡。当人生处于低谷时，不要太心急，要"行到水穷处，坐看云起时"。人生不可能一帆风顺，当你的工作和人生目标受阻时，务必相信忍耐下去就会有收获的真理，因为"忍耐"是实现目标的必要条件，成功往往就在于再忍耐一下的努力之中。忍耐很需要打起十二分的精神，遇到难事要用坚韧的意志和毅力去应对，得过且过、精神萎靡是不可能成就事业的。有些人看似一夜成功，但如果你了解他们的经历，就知道成功不是偶然得来的，他们早已投入不少心血，而且一忍再忍，打好坚实基础了。所有成功者的背后，都有着不为人知的艰辛。海明威的名著《老人与海》给人们深深的教诲：走运当然是好的，不过我情愿做到分毫不差。这样，运气来的时候，你就有所准备了。在现实中，打败你的不是别人，而是你自己；但凡杀不死你的，最终都会使你更强大。能跟不好合作的人合作好了，你就磨炼得差不多了；合作是必需的，是最大的智慧，而斗争是其次的。

以上种种"适应能力"，对副职来说至关重要。疾风知劲草，烈火见真金，板荡识诚臣。有了这些本领，不论在哪里工作，不论与哪种类型的一把手合作，你都能左右逢源，应对自如，一路畅通无阻，有所作为，并能获得良好的口碑。否则，你将步履维艰，以致一事无成。人生有四大苦，即看不透、舍不得、输不起、放不下；

人生有两大悲哀，即万念俱灰和踌躇满志。假如你能克服这四大苦和两大悲哀，能战胜它们，你就能走出困境，走向成功。经受得了多大的磨难，你才配得上多大的成功；熬得住你就出众，熬不住你就出局。时光似鸟翩翩过，世事如棋局局新。世事变化无常，就像下棋那样，局局都有新气象。人生如下棋，三思后行，落子无悔。棋艺高超之人能在进一步中扩大战果，亦能在退一步中寻求生机，识局者生，破局者存，掌局者赢。人唯有知进退方能有所作为，方是人生高境界。《红楼梦》中有一副妙对"世事洞明皆学问，人情练达即文章"，颇值得玩味。

有人说当正职难、当副职易，其实客观来说，各有各的难，而笔者觉得，在一定意义上来说，要当好副职更难。南宋诗人杨万里写了一首哲理诗："莫言下岭便无难，赚得行人错喜欢。正入万山圈子里，一山放

◎郑燮《衙斋听竹图》，约作于乾隆十一年（1746年）或十二年知潍县任上。其时，山东大涝、大疫，潍县尤烈，饿殍遍野。画面绘四株浓淡相宜、疏密有致的修竹。右下角自题诗曰："衙斋卧听萧萧竹，疑是民间疾苦声。些小吾曹州县吏，一枝一叶总关情。"心系民瘼之情溢于言表。

过一山拦。"诗人用登山寄寓深刻哲理，常人觉得上山难而下山易，殊不知下山途中仍会遇到不少艰难险阻。诗人旨在提示人们：人生就是不断与各种困难做斗争的过程，不论你在高处还是在低处，不论是顺境还是逆境，都要保持警醒，不惧艰难，永不懈怠，不轻言放弃，不在逆境中改变初衷，不在顺境中放下坚守。一个领导者在逆境中仅仅拥有智慧和技能是远远不够的，还必须具有很强的抗逆能力，才能带领团队与逆境抗争并闪烁出智慧的火花。心理学家保罗·史托兹提出"逆商理论"，逆商即一个人应对逆境和挫折的能力，是一个人能够成功的关键素质。曾国藩说："自强之性，可破一切逆境。"美国前总统尼克松曾两次竞选失败，但他并没因此气馁。在经受失败煎熬、得不到权力中心青睐的日子里，他认真总结反思自己的不足，最终坐上了总统的交椅。另一位美国前总统曾这样评价他："在美国历史上没有一个人为了履行总统职责曾经做过这样周到的准备。"积极向上之人像太阳，照到哪里哪里亮；消极沉沦之人像月亮，初一、十五不一样。正能量的人做"太阳"，不做"月亮"。从政为官特别是副职要能做到"冷位"（无实权之位）"热做"，"热位"（有实权之位）"冷做"，"虚功"实做，"实功"精做。

　　与多种不同类型的一把手共事，时间长了，难免也会产生疲惫厌倦感，难免有烦恼、不开心、不如意的时候，这是不足为奇的，因为副职也是普通的人，凡人都会有弱点有惰性，一不留神就会精神滑坡，因此要时常给自己打气加油。要常常提醒自己保持"精气神"，要有豪气、壮气和骨气，要有雄心和壮志，要有意志和毅力，要做一个顶天立地的人，经得起各种委屈和打击，不断燃烧激情，不断充盈正能量。要有意识地培养自己的意志力，意志力强的人，其受挫能力和耐受力都会很强，有足够的勇气和耐心处理问题和困难，最后获得好的结果。痛苦是人生的拐杖，它使强者更强，弱者更弱。一切问题，最终都是时间问题；一切烦恼，其实都是自寻烦恼。在工作中不能表现出萎靡不振、垂头丧气的状态，而要以乐观向上、积极进取的精神激励自己，鼓舞团队士气，决不能因为自己的低落情绪影响到团队的精神状态。孟子曰："天将降大任于斯人也，必先苦其心志，劳其筋骨，饿其体肤，空乏其身。"人生就如一个五味罐，装满了酸甜苦辣咸，如果罐中装的仅有糖，那么人生就过于单调乏味了。且以清朝书画家郑板桥的一首七言绝句与诸君共勉："咬定青山不放松，立根原在破岩中。千磨万击还坚劲，任尔东西南北风。"有人会说，道理都懂，就是不容易做到。是的，知易而行难，不是道理没用，而是你没养成知行合一的好习惯。习惯主宰人生，只有将道理内化成你的习惯，变成你的信念，道理才能起到真正的作用，才能改变人生。

在现实中，应该说多数人的人生都会有成功飞扬、指点江山、激扬文字、意气风发的潇洒时光，但那毕竟是一种短暂的辉煌，人生更多的时光是平淡、平和、平凡的，正如古话所说："人无千日好，花无百日红。"因此，在工作中要善待上司、容忍上司、承认上司、重视上司、支持上司，同时也要善待同事，善待人生，善待一切美好的东西，坦然、淡泊为人处世。心善，则事事皆善；心美，则事事皆美。要重视建立友谊，英国大学者培根说"友谊能使人欢乐加倍，把悲伤减少一半"，英国诗人柯立芝也说过"友谊是一棵遮阴树"，《论语》中云"君子成人之美，不成人之恶，小人反之"，中亚有谚语"吹灭别人的灯，有时会烧着自己的胡子"。工作意见发生分歧很正常，为人处世的方式和风格各不相同也很正常，但观点疏离了，感情却不能疏离，方式和风格不同则要恪守和而不同，总之要永葆友谊之树常青，这就是明智之人的思维和行为。人的成功主要有三大要素：天时、地利、人和。天时主要是看能否抓住机遇，地利主要是看能否做好充分准备和勤奋努力，人和主要是看能否做到人心所向和满足人心所需。做领导的最高境界是"德耀乎海外，意观乎无穷，誉流乎无止"（《吕氏春秋》），意思是品德照耀到四海之外，思想永远不衰，美名流传不止。

总而言之，如果你做到了上述"五个增强"，即增强两个意识和三种能力，那么你就是一个称职的、有为的、成功的、有价值的副职，否则就相反了。

结束语
JIESHUYU

做一名优秀的领导者，难者难，易者易。难者，也许是缺乏天赋和未有深入研究、致力实践者；易者，也许是天资聪颖和专心致志、身体力行者。怎样才算是一名优秀的领导者，也许会因角度和要求不同而评价不同，但始终还是有一个基本标准的。笔者希望，本书所述的内容可作为一个参考。如果走正道为官，本书可资借鉴；否则，本书就没啥用处了。

在现实中，"好人"不一定是"好官"。这里所说的"好人"，是指那种不求有功、但求无过、明哲保身的"好好先生"。这种人在上级领导看来缺点不明显，在群众眼里印象也不坏，所以这类人做起官来还往往顺风顺水。但这种"好人"就不一定是"好官"了，因为当领导本身就是一种责任和担当，履职就得做事，做事就难免得罪人，只有那些无所事事的人，才什么人也不得罪。要做"好官"，就要做好事，但同时要敢于得罪坏人。可问题也来了，当今做官要看民意，敢做事的好官得罪的人多了，也许"民意"就会差些，这就要看上级领导的公心和慧眼了。从经济学角度来说，不反对你做"好人"，但从推动经济社会发展、促进改革、实现中国梦的高度出发，需要的是敢闯敢干能干的"好官"，而非裹足不前、碌碌无为的"好人"。

希望从政者刻苦研究，积极探索，不断超越，人人都成为优秀的领导者、成为"好官"。美国西点军校流传着一句话：只要有热情，没有什么不可能。该校一名校友说：努力不懈，是奔向梦想和目标的唯一坦途。江山代有才人出，长江后浪推前浪，一代必定胜过一代，这是历史发展的必然规律，衷心祝愿诸君百尺竿头，更进一步。